集客をやめればお客様がドンドンやってくる
集まっちゃうしくみ

谷田貝孝一

はじめに

目指すのは、**サザエさんの家のような家族が集まる『茶の間のちゃぶ台』をつくる**こと。

あなたも一度は『サザエさん』を目にしたことがあるでしょう。サザエさんとフネさんの用意した食事に家族が集まってきます。世間で起こっていることを家族全員で話し合います。ひとりの悩みや失敗したことを家族で受け入れ向き合います。ときには意見がぶつかって喧嘩になったりしますが、家族みんなで考え話し合い解決します。うれしかったことや喜びも分かち合います。

だって・・・家族だから。

なんでも話せて相談できる人がいるから『茶の間のちゃぶ台』に家族が集まるのです。

サザエさんの家には、茶の間のちゃぶ台に家族が集まりたくなるしくみがあります。**売れているお店や会社にも、茶の間のちゃぶ台（人が『集まっちゃうしくみ』）があります。**

『集まっちゃうしくみ』とは、生活者が、自分の思うところにうまく集まって来るよう工夫した行動計画の流れです。

お店（会社）の都合による『集客』という手法ではありません。

サザエさん一家のように、家族（生活者）が**自分の意志で行動して集まって来るからこそ『集まっちゃうしくみ』といえる**のです。

ここでいう『自分の思うところ』というのは、こうです。

1．実店舗のお店（会社）
2．イベントや行事・ランチ会や交流会が開催される場所
3．インターネット（ホームページ・ブログ・フェイスブックなど）

『集まっちゃうしくみ』では、自分の思うところに生活者自身の意志で集まってもらうために次のことをします。

1．いままでにない、これまでにない、そこにしかない、わくわくドキドキする楽しい体験を企画します。
2．わくわくドキドキする楽しい体験が企画できたら、インターネットと既存客を通じて告知

します。

なぜ、いままでにない、これまでにない、そこにしかない、わくわくドキドキする楽しい体験を企画するのかというと、こうです。

1. お店（会社）の存在自体が知られていない

2. 既存の商品・サービスの存在を知られていない

3. 現在提供している商品・サービスが飽きられている

4. 商品・サービスをつくり変えないお店（会社）が呆れられている

5. 新商品・サービスをつくる際に意見を訊かない

商品が売れ、サービスを受けてもらうには、お店（会社）の存在を知ってもらいます。取り扱う商品・サービスの存在に気付いてもらいます。商品・サービスをつくり変える意見を訊く必要があります。だから、まずは、地域にいる生活者と出会うために、楽しい体験を企画して集まってもらうのです。

『集まっちゃうしくみ』は、地域にいる生活者とお店（会社）が出会うための場です。

あなたも、**地域にいるまだ見ぬ生活者と出会い、つながる**ために、**『茶の間のちゃぶ台』に人が集まる**『集まっちゃうしくみ』をつくりましょう！

第4章 集まっちゃうしくみを運営する5つのコツ！

第5章 集まっちゃうしくみを継続させる5つのコツ！

第１章

口コミと紹介だけで お客様がドンドン 集まっちゃうしくみ！

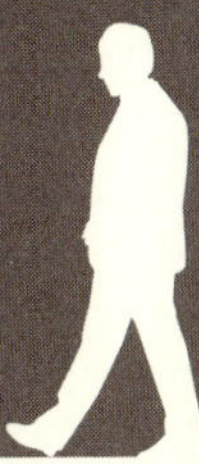

1

知識ゼロからの下請け脱却
口コミと紹介でお客様0から456人の新規客を獲得！

たったひとりの車好きからはじまった
「車を洗いたいのですが…」

それは『屋根付き100円コイン洗車場』をスタートさせてすぐのことでした。

ひとりの男性が、わたしが下請け100％の修理工場から脱却するためにはじめた『屋根付き100円コイン洗車場』に来ました。記念すべき利用者第一号です。ここでいう『屋根付き100円コイン洗車場』というのは、わたしが後にはじめるレンタルガレージ（使用者が自ら車の修理ができる施設）の前身となるサービスです。

なぜ『屋根付き100円コイン洗車場』という名称なのか？

それは…

『屋根付き１００円コイン洗車場』をはじめた１９８８年当時、周辺に点在した一般的なコイン洗車場でスチーム洗車機（機械的に高圧の温水が出る洗車マシン）を使用すると料金は３分５００円でした。また、屋根ひとつない施設のため、夏でも炎天下で車を洗うのがあたり前の状態だったのです。

わたしは根っからの職人気質で、もちろんサービス業の経験もありません。下請け１００％でしたから、実際に修理を必要としている車のオーナーさんとどんな話をして、どうやって仕事を頼んでもらうのかもわからない状態でした。サービス業のイロハをだれからも教わったことがなかったのです。

そんなわたしが考えた新サービス。**少しだけ工夫**しました。

1. 車を洗う場所は屋根付き

2. 車を洗う場所の使用料は1時間３００円

3. スチーム洗車機の使用料金は３分１００円

炎天下で車を洗ったことのある人にとって、屋根付きの洗車場はかなり便利でうれしい施設です。最初に利用した男性から、口コミと紹介がどんどん広がっていきました。

ひとりの男性からはじまった『屋根付き100円コイン洗車場』。後にレンタルガレージへとサービスを増幅させ、初年度だけで456人の会員を集めることができました。

POINT
利用するお客様目線でサービスを考えることが大事!

多いときは1ヶ月で60人を超える新規客を獲得

目指したのは下請け脱却、夢見たのは〝客が客を呼び込む来客の嵐〟。

当時のわたしがカーディーラーの下請けから脱却するためには、ひとりでも多く元請けをとおさない「直接の」お客様と出会い、つながる必要がありました。だから、どうしてわたしがレンタルガレージをはじめたのかを、一人ひとりのお客様とじっくり話しました。

わたしがレンタルガレージをはじめたのは、リサーチのために町の外にある一般的なコイン洗車場を自ら客として利用しているときに、こんな声を聞いたからです。

1．ホース洗車ができないからやりづらい
2．部品の交換ができない
3．屋根がないから暑い

さらには、あろうことか信号待ちで止まる車から
「自分で車をいじる暴走族！」

「車を改造する不良！」

と、法律に基づいて車の修理や整備をしていながら罵声を浴びせられ、肩身の狭い思いをしている車好きを見たときです。

「この人たちが健全に車の修理や整備ができる場所をオレが提供する！」

そうわたしは決意しました。

そして、洗車場を利用する車好きの人たちと、いろいろなことを話しました。

1．車に関してどんなことで困ってる？
2．自分の車をどんなふうにしたい？
3．オレはなにをしたらいい？

自動車屋としてではなく、**ひとりの『車の修理が得意な人』として、訊いて訊いて訊きまくりました**。そして、それをひとつずつ実行していったのです。

そうすることで『屋根付き100円コイン洗車場』の利用客数は日増しに増えていきました。

1日の利用客が25人を超えることもありました。そして1ヶ月の新規会員登録が、多いときで60人を超えるまでになったのです。文字どおり〝客が客を呼び込む来客の嵐〟でした。

わたしの本気の気持ちが伝わったのです。

レンタルガレージを利用する会員の数は、2年間で1200人を超えました。

POINT
本気の気持ちは必ず伝わる！

2

高額な広告よりも効果がバツグン！
雑誌の取材掲載で年間1200万円分の宣伝効果！

■多いときは1ヶ月で12回のメディア取材

順調に少しずつ新規客の数を伸ばしていたレンタルガレージですが、ある時を境に、一気に会員数が激増しました。

それは、**ある車雑誌からの取材を受け、それが掲載された**からです。

それ以降、多いときは1ヶ月で5〜6回くらい取材がありました。

「○○雑誌を見ました。ぜひ、ウチの雑誌でも取材させてください！」

最初は、客が客を呼ぶ来客の嵐で大喜びでした。そして、今度は取材ラッシュです。しかも

「ぜひ、取材させてください！」

と雑誌の編集部からいわれるのです。そうして何ヶ月にもわたって取材が続き、いろいろな車雑誌に掲載されるようになりました。

そうこうしているうちに、今度はテレビやラジオ、新聞やビジネス関連の雑誌、自動車関連の業界誌などからの取材依頼が舞い込んでくるようになったのです。車雑誌のときと同じように、新聞やビジネス関連の雑誌も一度どこかで掲載されると、別の新聞や雑誌から「ぜひ、取材させてください！」と次から次へと取材依頼がきました。

たくさんのメディアから取材され、テレビで何度も放映していただき、出演も経験しました。ラジオの生番組に出演したときはものすごく緊張したことを、いまでも覚えています。

新聞やビジネス誌、業界誌や車雑誌の取材回数は250回を超えました。

数多くのメディア掲載による宣伝効果ははかりしれません。特に、片面広告料が80万円の車雑誌に、5ページにわたりカラーで掲載されたときの反響はスゴかったです。栃木県にあるわたしの工場に、北は北海道、南は広島県からお客様が来店されるのです。

この頃の車雑誌掲載やラジオ・テレビ出演を広告費に換算すると、年間で1200万円くらいにはなっていたと思います。メディアというのは、ひとつの媒体に取り上げられると、大きな反響を呼びます。掲載された記事や出演した番組をみて、違う媒体の編集者やプロデューサーなどからお声がかかることも多いのです。メディアに取り上げてもらう方法は110ページで後述しますが、メディアを上手に利用すると、その宣伝効果は大きいということを覚えておきましょう。

POINT
取材は、一度取材されると連鎖反応を引き起こす！

■年間1台の全塗装が100倍に！

車雑誌の取材を受け、取材記事が雑誌に掲載されるようになって大きく変わったことがあります。

それは、電話の鳴る回数が異常に多くなったことです。

また、レンタルガレージに来店するお客様の数が急激に増えました。電話もなしにいきなり来店するお客様もいました。しかも、そのほとんどは県外からのお客様です。

電話の内容は、「雑誌で紹介していた『女の子でもできる日帰り手ぶらでオールペン（全塗装）』の予約をさせてください！」というものがほとんどでした。

異常とも思える数の問い合わせと、県外からの来店客を招き入れた『女の子でもできる日帰り手ぶらでオールペン』。**実は、レンタルガレージを利用するお客様とわたしでつくった新サービスです。**

風変わりなネーミングで超低価格。しかも、業界の常識ではあり得ない日帰り手ぶらでオールペンが、なんと女の子でもできてしまうという新サービス。このサービスが車雑誌で紹介された途端、全国の車好きが栃木県にあるわたしの工場に殺到したのです。

レンタルガレージに『女の子でもできる日帰り手ぶらでオールペン』が目当ての車好きが殺到した当時、一般的な自動車鈑金塗装工場のオールペンは、年間でも１台注文があるかないか、という状態でした。

実はオールペン、１９７０～80年にかけて一度ブームになりました。ですが、塗装の耐久性が良くなったことや車の代替需要が増えたことなどの理由により、１９８８年当時は激減していたのです。ところが、**レンタルガレージを利用するお客様に「オールペンを自分でやりま**

しょう！」と提案したところ、わたしの工場では多いときで１ヶ月に16台、年間１００台ほどのオールペンをすることになりました。

この『女の子でもできる日帰り手ぶらでオールペン』。これはお客様の欲しいサービスをお客様に直接訊き、一緒に作ったからこそ、お客様が欲しがるサービスになったのです。わたしだけが机上の空論で作ったサービスでは、これほど反響を呼ぶことはできなかったでしょう。

自分のお店（会社）を利用するお客様が欲しているのはなにか、それを直接効きだすことができれば、お客様が喜ぶサービスになるのは当たり前のことなのです。

POINT

お客様の欲しいサービスを、お客様と一緒につくると確実に売れる！

3 お客様に訊いてつくるだけで 頼みもしないのにお客様が勝手に紹介してくれる！

口コミ（紹介）のメリット

集まっちゃうしくみとは、地域にいる生活者が自分の意志で集まってくるしくみです。しかし、生活者がお店（会社）の存在も知らない、提供しているサービスや商品さえ知らない状態では集まってきません。

では、新規客になってほしい地域の生活者が、どうやって、これまで存在さえ知らなかったお店（会社）に集まってくるのでしょうか？

それは、お店（会社）を利用した同じ地域の生活者の口コミです。
それは、お店（会社）を利用した同じ地域の生活者の紹介です。

だって、これなら失敗しません。騙されません。絶対に安心だからです。

なぜなら、同じ地域の生活者なら、利害関係はありません。そして同じ地域の生活者は、紹介する人のご近所さんです。下手なお店（会社）を紹介しては、本人の地域での信用にかかわります。だからダメなものはダメとはっきり教えざるを得ないのです。

地域の評判を大切にする。これは商いをする上で、あたり前といえばあたり前です。ところが、このあたり前のことを疎かにしているお店（会社）が非常に多いです。

そんなお店に限って、チラシ広告などを使って宣伝しているのはなぜでしょうか？

それは、商品やサービスをお客様に『売るためにつくる』からです。商品やサービスをお客様に『売るために仕入れる』からなんですね。

たとえば、あなたはカレー屋さんだとします。カレーが好きで、本場インドまで行って修行してきました。いよいよ念願かなって自分のお店を開店しました。地域のたくさんの生活者に食べてもらいたいと思っています。そのためにはなにをするべきでしょうか。

重要なことは、まず『うまいカレーライス』をつくることです。

ここでいう『うまいカレーライス』というのは、食べてうまいということだけではありません。五感（視・聴・嗅・味・触の5つの感覚）で感じるお店の雰囲気や提供する人も含めたうまさです。これは、食べものだけではなくサービスも同じことがいえます。

『うまいカレーライス』をつくっていればあたり前に売れます。『うまいカレーライス』は、お客様が勝手に口コミします。紹介してくれるからです。

POINT
『うまいカレーライス』をつくるとお客が勝手に紹介してくれる！

お客様に訊いてつくり変える

『うまいカレーライス』をつくっていればあたり前に売れます。でも、世の中には、『売れないカレーライス』もあります。どうしてでしょう？

それは、生活者がすでに飽きていることにも気づかず、自分の都合（楽して儲かるやり方）で工夫もしないで提供しているからです。こういうカレーライスは売れていません。

たとえば、家庭の主婦の場合は家族だけに作ります。
忙しく働いていながら、家族のことを考えて食事の準備をするでしょう。なのに、ご主人や子どもたちは平気でこういいます。

「うっ、まずい」

家族の健康も考えて食事の準備をしているのに、こんなことといわれてはがっかりですよね？　でも、ご主人や子どもたちは本音をいっているのです。だから、家庭の主婦なら、次につくるときはつくり変えることもできます。また、ご主人やお子さんは逃げません。そのカレーライスが美味しくなかったとしても、次の日も主婦が作ったご飯を食べるしかないのですから。

ところが、あなたのカレーライス（商品・サービス）がまずかったとしても、お客様はなにもいってはくれません。なにもいわない代わりに二度と来店しないだけです。まずかったことを知り合いに話す人もいます。地域に根差したお店にとって

「あの店のカレーはまずい」

という評判ほど恐ろしいものはありません。生活者同士のネットワークに一度その評価が定着してしまうと、それを覆すのは並大抵のことではないからです。

二度と来店しない人や知り合いに話す人をつくらないためにも、**カレーライスを常に客観的に評価し、必要なら地域の生活者であるお客様の声に耳を傾けながら、よりおいしいものにしていく**必要があります。

お客様も、自分の声が反映されればうれしいです。また食べてくれます。知り合いに紹介してくれます。そうしてあなたのカレーライスが美味しいという評判が地域に根差すのです。

POINT

生活者に訊いて『サービスや商品』をつくり変えれば必ず売れる！

4 お客様と一緒にサービスをつくれば 人を集める苦労から解放される！

同業者から嫌われるほどお客様から支持される！

ひとりの男性客からはじまった『屋根付き１００円コイン洗車場』。〝客が客を呼び込む来客の嵐〟を起こし、さらに業界の常識ではありえない『女の子でもできる日帰り手ぶらでオールペン』で取材回数は増え続け、来客がうなぎ上りに増えました。

そうすると、面白くない人たちが出てきました。

「谷田貝の野郎、余計なことをしやがって！」
「素人に車の塗装を教えやがって！」
「オレたちの仕事がなくなる！」

こういう声が、同業者や関連業者などから聞こえてくるようになったのです。

職人の世界は狭い世界です。横のつながり、いままでの慣例を乱すことを嫌います。批判してきた同業者からしてみれば、わたしのしたことはいままでの仕事の慣例を乱すことだったのでしょう。完全下請けの工場が、直接お客様とつながって仕事をし、新しいサービスまでするようになったのですから。いままでのやり方に疑問を持たない職人から批難を浴びるのは、ある意味当然です。ですが、わたしはいたって冷静でした。

なぜなら、レンタルガレージという城を、**わたしと一緒につくり築き上げてくれたお客様が支え、応援してくれていたから**なのです。

そのころには下請けを脱却していたこともありますが、わたしがやってきたレンタルガレージも『女の子でもできる日帰り手ぶらでオールペン』も、お客様に直接訊き、一緒に考え、一緒に構築したことではじめて成立するサービスです。他の地域で仮に同じサービスを提供しても、これほど評判を呼ぶとは限りません。

お客様との関係に自信があり、お客様が欲するサービスをお客様と一緒に考えたわたしは、批判程度でサービスを止めようとは思いませんでした。

POINT
お店の進むべき道は、お客様が考えてくれる!

お客様の悩みを訊いてサービスを見直すと、お客様が応援者に変わる!

レンタルガレージは、元々『屋根付100円コイン洗車場』が前身でした。ですから『車を洗うだけ』のお客様も、もちろんたくさんいました。そういう『車を洗うだけ』のお客様にとって、車のキズや凹みを直す鈑金や、車の塗装を丸ごと1台塗り替えるというのはどうでもいいサービスなのです。

あるとき、こんなお客様がいました。

「タイヤの交換やマフラーの交換とかもやりたいんだよね」

ジャッキアップしてやってみては、とわたしがいうと

「プロならそれでもできるかもしれないけど、素人には無理だから…」

と、ため息交じりに仰るのです。そこでわたしは、どうすればできるようになるのか訊いてみると

「車を持ち上げる機械（リフト）があるといいんだけど…」

と本音をポロリとこぼされたのです。

このようなやり取りがあって、わたしはそのお客様にこんなお願いしました。

「リフトを入れるという投資に対して、利用するお客様がどれくらい入るのかを知りたいので、署名を集めてほしい」

すると数日後、お客様は集めた署名を持ってきました。そして、署名を見てびっくりしました。そこには名前と住所のほかに『リフトの必要性』を書いた欄があったのです。

「ボクは、リフトを使ってオイル交換をやりたいです！」

「穴が開いたマフラーの交換をしたいです！」

このような具体的にやりたい作業が書いてありました。わたしに対するラブレターです。

結果、わたしはリフトを導入することを決めました。

そうすると、『車を洗うだけ』でレンタルガレージを利用していたお客様から、次から次へと口コミで広がっていったのです。しかも、自分では車の修理をしない新規客を、どんどん紹

介してくれるようになりました。

わたしはお客様が求めていたものを訊き、判断し、提供しただけです。けれども、わたしが提供したものに心から満足した結果、お客様は自分と同じようにそれを欲していた仲間に紹介してくれました。

お客様は自分の満足するサービスを提供してくれたお店をご贔屓にし、応援してくれるもの。そのサービスが珍しければなおさらです。ですから、お客様が心から満足するサービスをすることが、一番大切なのです。

リフトの導入は、私の工場に応援団ができるきっかけであったと思います。そして、その応援団は、いまも続いているのです。

POINT

自分が満足すると、お店の利益を考えて応援してくれる！

5 身近にいる人に訊くだけ！
いますぐ、だれでもはじめられる！

新たに覚えることはなにもない

『しくみをつくる』というと「なにか新たに難しいことをしなくてはならない」と思われがちです。でも、大丈夫！　『集まっちゃうしくみ』をつくる上で、難しいことはなにもありません。やることはいたって簡単。

『身近にいる人たちに訊く』　これだけです。

では、身近にいる人たちに『なにを訊く』のか？

1. どんなことで困っている？

2. どんなことをしてほしい？

このふたつです。どうして「どんなことで困っている？」「どんなことをしたい？」と訊くのかというと、「困っていること」を解消してあげると喜ばれるからです。「してほしい」ことをしてあげると感謝されるからです。そしてそれは仕事につながるからです。

でも、いきなり「どんなことで困っている？」「どんなことをしたい？」と訊いたところで、本当のことや本音をいってくれる人はいません。

人間は、本音や本当のことは信頼する相手にしか言わないもの、仕事ならなおさらです。ですから、本音を訊く以前に相手に信頼されているということが大前提となります。その上で、身近にいる人たちが、本当のことや本音を〝ポロ〟っとしゃべっちゃう状況をつくるのです。

本当のことや本音を〝訊き出せる〟『場』をつくるのです。

本当のことや本音を〝訊き出せる〟『場』のつくり方については、第3章で詳しく解説します。

POINT
仕事が発生する以前に本音を訊ける仲になっておくことが大事！

■**生活を楽しむことだけ考えればいい。いますぐ、だれでもはじめられる！**

あるとき、自宅の網戸を張り替えなくてはならない状況になりました。ホームセンターに網戸の網や張替えの道具が売っていることはずいぶん前から知っていたのですが、自分にもできるんだろうか？　と思っていました。

そこでわたしは、商工会の会員でものづくり工房という事業を一緒に取り組んでいる硝子屋さんにこんなお願いをしてみました。

「そろそろ害虫が出てくる時期だし、網戸の張替え体験教室とかやってみない？」

すると硝子屋さんは、こういって相手にしてくれません。

「材料も道具もホームセンターに売っているわけだし、自分で張り替える人はすでにやっていますよね。わざわざ職人が教えるまでもないでしょう」

このままでは身近にプロがいるのに教われないと思ったわたしは、

「いまは自分ではできないけれど、プロに頼むほどじゃないし、自分でやってみたい人だっているんじゃないの？」

と反論しました。すると硝子屋さんは半笑いでいったのです。

「そんな面倒くさい人かまってられないですよ～」

この言葉にわたしがキレました。

「そういう面倒くさい人ほど、感謝やありがたみを人一倍感じる人なんだよ！　だから大事にしなきゃいけない人なんだよ！」

と、わたしは半ばものづくり工房代表という立場を忘れて熱弁しました。その結果、網戸の張替え体験教室は開催されることになったのです。

「6年ぶりに自然の風を感じて夏を満喫しています。ありがとうございました！」

と網戸の張替え体験教室に参加した男性からいわれたときは、さすがに硝子屋さんも照れていました。

実はこの男性、網戸が破れていて張り替えたかった。でも、**「自分ではできないけれど、プロに頼むほどじゃないし、自分でやってみたい」**という人だったのです。

お客様は素人です。職人の持つ技術の習得がどれくらい大変で、どれくらいの価値があるのか、なかなか実感できません。しかし、体験教室などで実際に経験してみると、その価値を理解してくれます。

自分でもできるけれど、出来上がりが違う。見た目は変わらないのに、耐久性が桁違いなど、職人の本当の価値を理解しさえすれば、お客様はその職人を長く利用してくれるのです。

POINT

プロの本当の価値がわかる人を味方につけることが大事!

第2章

集客しなくても新規客が集まっちゃうしくみ！

1
商いの原則を守る

集客は、いますぐやめましょう!

集客されたい人はいない

あなたも、仕事を離れれば一生活者（消費者）です。

一生活者として、**あなたの地域にあるお店や会社から「集客されたい」ですか?**

あたり前ですが、「集客されたくない」と、お答えになると思います。

でも、一生活者として「集客されたくない」と思っているのに、あなたはお店や会社の人になるとチラシ広告などを使って、地域にいる生活者（消費者）を集客していないでしょうか?

これって、ありがちな話ですが、おかしな話ですよね。

一生活者としては「集客されたくない」と思っているのに『お店や会社の人』という立場になると、どうして集客してしまうのでしょうか？

それは、『商品やサービス』を『売るため』につくるからです。

売るために商品をつくると、「売るためにはどうしよう」、「サービスを受けてもらうにはどうしよう」と考えます。そうすると、「商品を買ってくれる人を集めよう！」、「サービスを受けてくれる人を集めよう！」と考えます。これは普通だと思います。

でも、ここで止まって考えてみましょう。

『商品やサービス』って、『売るため』につくるのでしょうか？

わたしは『来店客の減少によって減収減益し、資金繰りで困っているお店や会社の役に立ちたい』と思ってこの本を書いています。つまり『この本を売るため』ではありません。

困っている人の役に立つ商品やサービスをつくり提供すれば、あたり前にそれが欲しい人が集まってきます。

困っている人の役に立つ商品・サービスということは、困っている人にとって確実に需要があるということです。なにも困っている人につけいれというのではありません。生活をする中でちょっと困っている・不便に感じていることの問題・原因を解決するための商品・サービスをつくって役立ててもらい、その対価として正当な価格を支払ってもらうということです。

それは自分が同じ地域で生活するからこそわかる、『ちょっと』のことでいいのです。自分やご近所さんが不便に思っている『ちょっと』を解決すれば、確実に売れます。

POINT
自分の生活に必要で欲しい『商品やサービス』をつくれば必ず売れる!

ものづくりの原点と商いのはじまり

その昔、人間は生きるために獲物を捕らえ、木の実をとって食べていました。たとえば獲物を捕らえるとき。石をそのままぶつける方法から、木の枝に植物のつるを使って石を巻きつけた道具をつくってより捕まえやすくする。

人間のものづくりの原点ってここにあるとわたしは考えます。

つまり、生きて生活を続けるために、なんらかの道具をつくって獲物を捕らえる。捕らえた獲物を、別につくった道具で食べやすい大きさに切る。焼く。煮る。そうして器のようなものに盛り、食べる。人間はそうやって進化し、道具を発明してきました。

これが**『継続可能な楽しい生活に必要なモノを自己責任でつくる』というものづくりの原点**だといえます。

昔から、道具をつくることが得意でも獲物を捕らえるのが苦手な人がいて、道具はつくれないけれど獲物を捕らえることが得意な人もいたはずです。そうすると物々交換が成立します。そして、道具もつくれず、獲物も捕らえられない人は、お金のような『ほかの価値があるもの』で獲物と交換するようになりました。

こういうところに商いのはじまりがある、とわたしは考えています。

つまり、獲物を捕らえるのは、**生きて生活し続けるためであり、売るためではない**ということです。

自分でできないという人のために、代わりに獲物を捕らえて分けてあげるという商いの原則。しかし現代の商いは、これの逆をやっているとしかわたしには思えません。

現代の商いでは『売るため』に商品・サービスがつくられ、交換されています。『生活するために必要だから』ではありません。むしろ『必要ないものをいかに買わせるか』ということが横行しているのです。それでは売れないのも当たり前です。

生活者がその地域で生き、楽しい生活を営み続けるのに必要な商品・サービスを提供するのが商いの原則であり、それさえできていれば集客は必要ないのです。

POINT

継続可能な楽しい生活に必要なモノをお客様のためにつくる。それが商いの基本。

2 お客様の声がすべて！
自分の生活に欲しい商品・サービスを提供しよう！

うまいカレーライスを提供しよう！

まずいものより美味しいものを食べたい。これは人間としてあたり前です。ですが『美味しいもの』ってなんでしょうか？

たとえば家族で同じものを食べていても、『美味しさ』を感じる度合いは異なります。ですが不思議なことに、家族全員が「美味しい！」と歓声をあげる食べ物があったりもします。

想像してみてください。

あなたは家族と、夏のホタルが飛び交う田んぼにいます。あなたの家族がこんなことをいっています。

「春に田植え体験で来たときは小さな苗だったのに、もう僕のおなかまで大きくなってるよ。スッゲ〜！」

「夏にはホタルが飛び交うって聞いてはいたけど想像以上だわ。スゴ〜くキレイ！」

そして一家の主であるあなたがいいます。

「手入れしながら管理してくれる農家さんのおかげで、キレイな水のある自然が守られているんだね。だからホタルたちも元気よくキレイな光を放てるんだよ」

そして時間がたち、ある秋の日の午後のことです。春に植えたお米が届き、夕飯に出されました。

「こんな美味しいご飯はじめてだ。美味しい〜！」

「ほんとだぁ！　ご飯だけで美味しいなんて凄いことよねぇ」

そして、食べ歩き友だちがたくさんいるあなたはこう思うはずです。

「田植えして、草取りして、稲刈りもやってみたよね。ほんの少しだけどお米を育てる体験をしたから、より美味しく感じるんだろうね。本当にうまい！　**安全で美味しい食材を探しているる、田中君や山崎君にも教えてあげなきゃな！**」

人間が美味しいと感じる対象はさまざまで、共通のものはありません。しかし体験や感動を共有したものは実際以上に美味しいと感じ、またリピーターになり、そして仲のよい友だちに教えたくなります。

たとえでは、まず田植えを体験しました。お米ができるまでの苦労を一部でも体験することによって、農家の方の苦労を知りました。夏には稲の生育状況を確認していますね。これでお米がどんな環境で育ったのかを実感したことでしょう。そして秋までお米が実るのを楽しみに待ち、実際食べてみて美味しいと感じました。

それは実際に味が美味しいのもあるかもしれません。しかし、農家の方々の作業や、産地の状況・安全性を身をもって体感したからこそ、そのお米の真の価値に気が付いたのです。

そして自分で体験した感動は、信頼する仲間と共有したくなるのが人間です。

こうして口コミは自然と広まっていくのです。

POINT

自分の生活に欲しい『うまいお米』をお客様と創り出す！

お客様の声を訊こう!

安全で安心して食べられる『うまいお米』は、お客様と創り出すことができます。ですが、多くのお店の店長や会社経営者は、お客様が『どんな美味しいもの』や『どんな楽しいこと』を望んでいるのかがわからないといいます。

「お客様が望んでいるものがわかれば苦労しないよ」と。

しかし、お客様が望んでいることを知るためになにかしているのかといえば、なにもしていないのが現状ではないでしょうか?

想像してみてください。

親子のすれ違いのある家族の夫婦の会話です。

「ったく、ひとりで大人になったつもりでいやがる! 一体、なにを考えてんだ」

「あの子、本当は○○したいんじゃないかしら」

「いや、あいつは△△を■■にしたいんだよ。きっとそうだ」

こんなふうに、子供の考えていることや望んでいることを勝手に憶測しています。

相手のいうことをきちんと訊いていないことは、決して珍しいことではありません。親しい間柄では良くあることですが、相手をよく知っている、という過信があるので、相手の言葉を訊き流してしまうのです。コミュニケーションの基本は相手の言葉に耳を傾けること。自分の思い込みを捨てて、相手の言い分をよく訊くことだということを忘れてはいけません。

親子の間に限らず、互いの考えていることや望むことが伝わらない、わからないというのは、相手の考えていることや望むことを訊いていないだけです。

相手の考えていることや望むことを知るのは、決して難しいことではありません。

「お客様が望んでいるものがわかれば苦労しないよ」といわず、お客様がなにを考え、なにを望んでいるのか、お客様から直接訊けばいいわけです。

だって、答えはお客様が持っているのですから。

そのためにも、**お客様が本音を〝ポロ〟っとしゃべっちゃう状況をつくる**ことが大事です。

POINT

お客様の気持ちを知るには、お客様の声を訊き出すしくみをつくる！

3 特別なものはいりません！
「人」と「ツール」を活かせば集まっちゃう！

身近にいる人を有効に活用しよう！

あなたにとって『身近にいる人』とは、だれですか？

家族・親戚・友人でしょうか？　もちろん、家族や親戚や友人も、あなたの仕事を支えてくれる人です。でも、もっと身近にいて、かつあなたに友だち（新規客）を紹介してくれる人がいます。

それは『既存客』です。

家族や親戚や友人が友だち（新規客）を紹介してくれるのも、もちろんありがたいことなの

ですが、人としてのつながりでは遠い関係にある『既存客』も、友だち（新規客）を紹介してくれます。でも、

「お客様に、友だちを紹介してください、なんていえないです」

というお店（会社）が多いです。お店（会社）にとってみれば、商売上の利益のために、お客様の友だちを差し出せと言っているかのような印象があるのでしょう。

ところが『既存客』は、あなたからお願いされるのを待っているんです。自分から友だちを紹介してくれる積極的なお客様もいます。ですが、

「勝手に友だちを紹介しては失礼。でも、だれかの役に立ちたい」

と考えているお客様もいるのです。

なので、わたしはあえて『既存客』を有効に活用しましょう！　といっています。

それは、あなたのお店（会社）の存在を知らない地域にいる生活者が、『ものづくりの原点』や『商いのはじまり』の心得もない、儲けることが目的のお店（会社）から言葉巧みに騙されないためです。対価に見合わない商品やサービスを提供されて失敗しないためです。

あなたは、ご自分の子供や孫たちが、言葉巧みに騙されないように助言していますよね。失敗しないためにアドバイスすることも多いと思います。

その教えは、子供や孫たちを守ることはもちろん、あなたから助言やアドバイスを受けた子供や孫たちが、儲けることが目的のお店（会社）から友だちを守っていることでしょう。つまり、人助けにつながっていきます。

同じようにあなたのお店（会社）の『既存客』の中には、友だちを紹介したいと思っている人もいるのです。

POINT
だれかの役に立つことが商人の役目です。

手軽に使えるツールを有効に活用しよう！

わたしは現在、パソコンや携帯電話、スマートフォンやタブレットという電子機器を使っています。もちろん「使いこなしている」といえるほどではありませんが、最近の電子機器は、わたしのような機械オンチの職人でも簡単に使えるツールです。便利な世の中になりました。

最近の電子機器を使って、特に便利だと感じることがあります。

それは、人と出会い、つながり、関係を深め、信頼関係をつくるスピードが最近のツールによって短縮された。そう思います。

これらのツールによるつながりは、矛盾した言葉かもしれませんが、『はじめての再会』という言葉がぴったり。

パソコンを使い、インターネットで最近流行のコミュニケーションツール『フェイスブック』で交流すると、きのうまでまったく知らなかった人と出会うことができます。お互いの素性(個人情報)を掲載したプロフィールなどを見てつながり友だちになります。友だちになった人の毎日の生活(タイムラインという日記のような投稿)を見ることで、身近に感じるようになります。気になった投稿に、自分の感じたことや思ったこと(コメント)を書き込みます。そうしたやり取りを繰り返すことで、リアル(現実)の世界では考えられないようなスピードで関係を深め、信頼関係をつくることが可能になっているのです。

ですから、リアル(現実)ではじめてお会いするのに、『はじめての再会』となるわけです。

こういうことが現実に起こっています。

このような便利なツールがあるにもかかわらず、「オレには使えない」とか「そんなもの必要ない」という言い方をするお店の店長や会社の経営者がいます。

もったいないです。

正直にいうと、わたしもはじめは「オレには使えない」とか「そんなもの必要ない」といっていたんです。ですが、やってみてわかりました。そう、『食わず嫌い』だったのです。

良し悪しは、やってみなければわかりません。まずは試しにやってみることです。

直接会うまでの間に相手とある程度の信頼関係を築くことができるのは、商いをするわたしたちにとって、まさに夢のツールです。毎日の活動や商品やサービスの情報を載せておけば、相手の時間があるときに、興味を持った時に見てもらえます。また、商品やサービスを提供する側の人となりというものを、ある程度知ってもらえます。お互いがお互いについての情報をある程度持った状態で、そして信頼関係を結んだ状態で直接会うと、本当に初対面の場合とくらべて、格段にハードルが下がるのです。そして本音を訊くまでの時間が大幅に短縮されます。

この便利なツールを使わない手はないのです。

POINT

良くなる可能性があるものは試しにやってみることが大事！

4

大手業者はこわくない
あなたの弱みを強みに変えるチャンス!

あなたの弱みが大手同業者に真似されても動じないしくみになる!

安売り商品を載せたチラシ広告を使って、投網で魚をとるような集客をする大手同業者のやり方にうんざりしているお店や会社は多いですね。

でも、大丈夫!

集まっちゃうしくみは、**人口が減少している地域こそ使えます**
集まっちゃうしくみは、**規模が小さいお店ほど効果的です**
集まっちゃうしくみは、**価格競争に巻き込まれることがありません**
集まっちゃうしくみは、**チラシ広告などで宣伝しません**

集まっちゃうしくみは、**通りから外れたところでも大丈夫！**

つまり、集まっちゃうしくみは、人口減少地域で、規模が小さく、価格競争に巻き込まれながらもチラシ広告が出せず、裏通りでお客様がほとんど来ないお店（会社）ほど効果的なのです。

集まっちゃうしくみは、**大手同業者がやらない、真似したくないサービスを提供**します。

集まっちゃうしくみは、**人口減少地域の生活者が悦ぶ（感動して喜ぶ）サービスを提供**します。

たとえば、運動会の借り物競走を想像してみてください。

1．足の速い子が1位になれるとは限りません。

2．太っている子が不利ということでもありません。

3．要領のいい子が有利とは限りません。

4．中肉中背で足が遅く要領が悪いけど友だちの人数が多い子も出場します。

借り物競走に『友だちが多い人』というアドバンテージがあったら、『**4．足が遅く中肉中**

背で要領が悪いけど友だちの人数が多い子』の勝利が見えるでしょ？

それと同じです。徒競走では勝てなくても、借り物競争で勝てばいいのです。どう頑張っても、大手同業者と同じやり方をしていては勝てません。しかし大手業者にも弱点はあります。それは地域に密着していません。そこで働いている人は、そこに住んでいる人ではないのです。地域の生活者が何が欲しいのか、何に困っているのかわからないのです。そこで、同じ地域で生活しているあなただからこそできる商品・サービスを提供すれば、それは大手業者に対して大きなアドバンテージになります。

つまり、**あなたの地域であなただから勝てるしくみ**がつくれる。それが、集まっちゃうしくみなのです。

あなたの地域であなただから勝てるしくみがつくれる！

あなたの地域であなただから勝てるしくみがつくれるというのは、こういうことです。

わたしは元々、自動車鈑金塗装工場を営んでいました。小さな町（人口は1万3000人）の目立たない場所で、社員1人の小さい工場です。しかもカーディーラーの100％下請けでした。

自治会や近所の人もほとんど来店することがありませんでした。ですが、『車が好きな人』に特化した新サービスを独自につくり提供することで、たった1年で下請けから脱却できました。売上も、対前年比１７３％アップさせることができました。

新サービスは、後に全国にフランチャイズ展開するまでに発展しました。

この新サービスは、同業者がやりたくない、真似したくない。つまり、面倒くさいサービスです。なのに、なぜわたしがこのサービスを提供することができたのか？

それは、**面倒くさいサービス＝車好きがやってほしいサービス**だからです。

わたしは技術的にずば抜けているわけではありません。知り合いが多くいるわけでもありません。これといった強みがないのが弱みかもしれません。

でも、**モノをつくる、モノを直すことが大好き**なのです。そして、自分でできることは自分でやりたい。自分のことは自分でやろうとする人の役に立ちたいという気持ちだけは人一倍でした。

つまり、『ものづくりの原点』と『商いのはじまり』でいう、お金儲けをするために商売をするのではなく、まずは、地域で車を自分で修理したいのに場所を貸してくれる自動車屋がなくて**困っている人の役に立つことが目的**だったわけです。

『売るために』商品・サービスをつくり、仕入れている大手業者にはできない原点に立ち返っただけです。ですが、原点こそ最強でもあります。あなたの生活している地域で、あなただからこそわかる地域の『ちょっとした』困ったことに役立つ商品・サービスをつくり、地域の生活者に購入していただく。このしくみさえつくれば、大手業者はこわくありません。

POINT

お客様以上業者未満というすき間の『お役立ちサービス』も必要！

5 だれでもいますぐできる！集客しないで新規客を集める5つのポイント！

新規客を自分で集めない

38ページ『集客は、いますぐやめましょう！』で、『集客されたい人はいない』と書きました。なので、まだお客様になるかどうかわからない、地域にいる生活者を自分で集める行為がおかしな話であることは、おわかりいただいていると思います。

たとえば選挙。選挙に当選するためには、多くの有権者に支持されなければいけません。立候補者は多くの有権者にアピールすることでしょう。

あなたは誰に投票しますか？

あくまでも双方をよく知っていることが前提ですが、マニフェストが似たりよったりなら、立候補者本人からお願いされるよりも、立候補者を応援する人からお願いされたほうが投票したくなりますよね。お店や会社だって同じことです。料理をつくった飲食店の店長から「うまいよ！」といわれても信用できないですが、「うまいお店がある」と友だちから誘われたら、あなたも『友だちを信用』してついていくでしょ？

ですから、集まっちゃうしくみは、あなたを応援してくれる人たち（応援団）を育てるしくみでもあります。

応援してくれる人たち（応援団）の育て方については、第3章で紹介します。

人が集まる場をつくる

『人が集まる場』というのは、**生活者が自分の意志で集まってくる場**です。

でも、集まっちゃうしくみでは、『新規客になるであろう生活者を自分で集めない』という大原則があります。自分がやられて嫌なことは人にもしないのは当たり前のことです。同じ地域に生きる生活者仲間として、集客をしてひんしゅくを買うことはありません。だから、**生活者が自分の意志で集まってくる『人が集まる場』をつくる必要**があるのです。

そして、その人が集まる場には、生活者が自主的に『行ってみたい！』、『集まりたい！』と思わせるなにかをつくらなければなりません。

行ってみたい！　をつくる

集まっちゃうしくみでは、新規客になるであろう地域にいる生活者が、そこに「行ってみたい！」という感情を強く動かす目的＝新サービスをつくることが大事です。人間は動機がないと、動きません。地域の生活者が自分の意志で、あなたの思う場所に集まってもらうためには、動機づけとなる目的が必要なのです。

ですから、感情を強く動かし、実際に集まってもらうためにも、新サービスは、『いままでにないサービス』や『これまでとは違うサービス』を考えてつくる必要があります。

といっても、あなたが小難しく考えることはありません。新規客になるであろう地域にいる生活者が感情を強く動かす新サービスは、**新規客になるであろう地域にいる生活者に考えてもらえばいい**のです。

あなたがするべきことは、地域にいる生活者に動機づけとなる新サービスは何がいいか考えてもらい、聞きだすことです。

集まりたい！　をつくる

集まっちゃうしくみの目的は、あなた自身が『気の合う仲間と過ごす時間の持てる場』をつくることです。

また、あなたが本業で取り扱う商品やサービスを、買うか、受けるか決めていない生活者に、あなたやあなたのお店の価値と取り扱う商品やサービスを知ってもらうことです。

ですから、あなたが指定する場所に自分の意志で集まってもらうには、**「食べたい！」、「やってみたい！」という楽しくなれるサービスを提供することが大事**です。でもそれは、新規客になるであろう地域にいる生活者に考えてもらいます。

あなたは、『集まりたくなる場所』をつくればいいのです。

『集まりたくなる場所』というのは、サービスの内容はもちろんですが、同じ時間や情報、体験などを共有したいと思う仲間のいる場。いわゆるコミュニティのことです。

「気の合う仲間と過ごす時間は楽しい！」という人は多いですよね。でも、いま現在、あなた自身が気の合う仲間と同じ時間や情報、体験などを共有できる場があるでしょうか？　意外にないんですよね。それが地域の仲間となるとなおさらです。

子どものころ、誰と約束したわけでもないのに、公園に行けば誰かがいて、楽しく遊んだ記憶はありませんか？　そこに行けばあの人に会える、あそこに行けば、何か楽しいことがある。子どものころの公園のような場所が、いまなくなっています。それはあなたが大人になったからではなく、地域の子どもにとっても、そんな場所が失われつつあります。

ですから、まずはあなた自身が『気の合う仲間と過ごす時間の持てる場』をつくることをおススメします。

お金をかけないで継続させる

『人が集まる場』をつくる上で一番重要なことは、お金をかけないで開始し、継続させるということです。

人を集めるときにお金をかけると、それを回収したくなります。そうすると、サービスや商品に加算されてしまいます。または、その場所を利用する人から回収したくもなるでしょう。しかし、そうなると「気の合う仲間と過ごす時間は楽しい！」という人たちが集まってこなくなります。子どものころ集まった公園にお金はかかりませんでしたよね？　だからこそ気軽に行けたし、特に埋由がなくとも子供が集まってきたのです。

ですから『人が集まる場』は、あなたの持ち出しも含めて、極力お金をかけないで運営しなければ継続しません。

また、気の合う仲間となんらかの活動をはじめたら一定期間、あるいはエンドレスで活動を継続してください。友だち同士だって、はじめは偶然学校で同じクラスになったクラスメイトから、年月を重ね、いろいろな経験を共有して友だちになり、親友になっていきます。『人が集まる場』でできる人間関係も一緒です。継続期間が長ければ長いほど、信頼関係が深まります。関係が深くなればなるほど、あなたのお店（会社）のために協力し応援してくれる人たちがどんどん出てきます。

ぜひ、気の合う仲間と楽しく過ごせる『人が集まる場』をつくりましょう！

人が集まる場で販売する

ではここで、『人が集まる場』を実際につくりあげた人の実例を紹介しましょう。

ガソリンスタンドを経営し食品や雑貨を販売する宮本商店さん（茨城県稲敷市）は、茨城県産の食品を販売するために千葉県で開催されたイベント『栄町産業まつり（高橋康夫実行委員長）』に参加しました。

その目的は、勉強会で学んだことを試すためでした

勉強会というのは、千葉県栄町にある栄町商工会（高橋康夫会長）で全10回開催されている超実践的な勉強会『三文塾』です。

この勉強会では、お店の店長や会社の社長（県外も含めて24名）が参加しています。内容は、1回目から8回目で、商品を販売する方法やサービスを受けてもらうためのやり方などの『売れるしくみ』の作り方を学びます。9回目は、実際のイベントに参加して実践します。10回目で成果（結果）を発表し、フィードバックをもらい、新たな取り組みの仮説をつくります。

10月13日（土曜日）千葉県栄町で開催された『栄町産業まつり』で、宮本商店さんは「こんなに売れるとは思ってもみませんでした！」と少し興奮しながら話してくれました。山菜おこわが10時前に完売。続いてレンコンサラダも完売。もち米も12時前に完売。終了間際の14時半には、ジュースやビールも完売していました。

「目的と狙いをはっきり決めることで、ＰＯＰになにを書けば気づいてもらえるだろう？

と考えることができました。イベント会場に来るであろうお客様を想像しながら『具体的に書く言葉』を決めました」というとおり、POPには思わず欲しくなる『実際に飲食した人の言葉』が書かれていました。

試飲のお酒がなくなった後も、「匂いだけ嗅いで日本酒を買ってくれたお客様もいました」と宮本商店さんの声が弾みます。

勉強会で学んだことを実践で試し、狙いどおり用意した食品を完売させた宮本商店さんは立派です。

『栄町産業まつり』の様子。

6 まずは観察から
さあ、集まっちゃうしくみをつくろう！

前述した宮本商店さんの例にあるように、集客しなくても新規客を集めることができる『集まっちゃうしくみ』をつくるためには、明確な目的を決める必要があります。明確な目的がないと、しくみをつくることはできないからです。

そもそも『集まっちゃうしくみ』とは、自分が思うとおりに、新規客になるであろう地域にいる生活者にお店（会社）と出会い、つながるための行動をしてもらう流れを計画することです。ですから、明確な目的を決めないと計画がブレます。加えて、お店（会社）としてのしくみをつくる狙いや覚悟がなければ、『集まっちゃうしくみ』をつくることはできません。

『集まっちゃうしくみ』をつくる明確な目的と狙い、覚悟を決めたら、まずはあなたの地域のことや地域に住んでいる人を調べます。

地域にどんな行事やお祭りがあり、どんなことが起こっているのか。どんな経緯で地域社会がなりたち、どのように変化しているのか。どういう人が住んでいて、どんな社会情勢や状況の下、どういう影響を受けて、どういうことで困っているのかを、詳しく観察しましょう。

あなたの地域のことや地域に住んでいる人を観察して、どういうことで困っている人がいるのかがわかったら、困っている人たちの状況を実際に訊いて調べます。

困っている人たちには、物理的に、精神的に、どうしてほしいのか、どうなりたいのかを詳しく訊く必要があります。

困っている状況を訊き出せたら、その困っていることの悩みを解消する方法を考えます。

困っていることの悩みを解消する方法を考えるときにも、自分ひとりで考えません。家族のだれかが困っているときにも家族全員で悩みを解消するように、地域の悩みにもチームをつくって考えます。

あなたの地域に住んでいる人が困っている悩みを解消する方法がわかったら、『集まっちゃうしくみ』をつくるために必要な準備をします。

活動をはじめたものの、あれが足りない、ここに使う人やモノがないということのないように、活動で想定できる人・モノ・金・情報を準備します。

『集まっちゃうしくみ』をつくるために必要な準備ができたら、試しの活動をします。試しの活動なくして成果や成功は得られません。ですから、試しの活動は『集まっちゃうしくみ』を成功させるためのカギを握っているのです。

試しの活動によって『集まっちゃうしくみ』が構築できたら、その精度を高めるために、『集まっちゃうしくみ』を体感した人の身近な知り合いに体験してもらう活動をします。

以上、『集まっちゃうしくみ』をつくる手順を簡単に述べましたが、それぞれの方法については第3章で詳しく解説します。

POINT

『集まっちゃうしくみ』は地域の生活者を観察するところからはじまる

第3章

集まっちゃうしくみをつくる7つのポイント！

1 正しい手順を必ず守って『集まっちゃうしくみ』をつくる手順

正しい手順で目標を達成させる！

『集まっちゃうしくみ』をつくる上で最も重要なことは、**地域で生活している生活者が抱えている諸問題を解決するための取り組みを考え活動する**ことです。

問題を解決する取り組みや活動には、必ず基本の手順というものがあります。この手順を省略したり順番を間違えると、正しい解決とはなりません。

たとえば、起こっている問題の原因の調査や分析を行わず、先入観や過去の事例から判断すると、間違った対策をとってしまうことになります。その結果、問題は解決されず同じ問題がまた起こります。早く解決させるために手順を省略することが、逆に、解決を何倍も遅らせてしまうことにもなりかねないのです。

正しい手順を踏まない事例

1．公民館に掲示した木工体験教室に参加の申し込みがない。
2．告知する場所が違うと思いチラシ広告を配布した。
3．でも、体験教室に参加の申し込みはなかった。
4．よく調べてみたら、地域の生活者は木工体験教室に興味がないことが判明した。

事例はすごく単純なものです。でも、費用や時間が費やされる活動内容であったら、こうした失敗をしてしまうことは大変な損失を生むことになります。重要な活動ほど基本手順を踏むことが求められます。

『集まっちゃうしくみ』をつくる基本手順の流れ

基本手順の流れとポイントは次のとおりです。

1. 洞察する──社会や地域、生活者の日常を観察する

問題が起こる因果関係を意識して見る。家族や友人の何気ないひと言にも、関心や興味、好奇心を持って耳を傾ける。

2. 問題認識──目標と目的を明確にする

問題であると認識する。自分が（だれかと連携してでも）解決すべきテーマであると捉え、解決目標と目的を決める。

3. 調査する──社会や地域、生活者の日常を調査する

どのような問題であるのか、問題の原因はどんなことなのかを追求する。また解決目標との間にある諸課題を探り出し関係づける。

4. 解決策立案──悩みの解消策や願望を叶える方法を考える

問題解決の手順の中で最も発想力の求められるところ。相手目線で新しい発想を考える。

5. 解決策計画―悩みの解消策や願望を叶える計画を立てる

計画なくして目標は達成できない。無理なく実行できて、成果（結果）の得られる計画を立てる。

6. 解決策実施―悩みの解消策や願望を叶える計画を実行する

あたり前だが実行せずに成果（結果）は得られない。計画どおり確実に実施する。そのためにも、自分の都合ではなく相手の利益のための覚悟を決めることが大事。

7. 結果の検証―実行した計画に対する結果を評価する

目標と結果を比較しての評価。解決しなかった場合の分析と新たな対策を考える。

『集まっちゃうしくみ』をつくる基本手順は、一度つくって終わりと考えるのではなく、計画を進めていきながら見直していくことも必要です。たとえば原因の調査や分析をしていると、新たに調査するべきことが出てくることもあります。このようなときは現状の調査を追加して行い、あらためて現状を分析していきます。

2 テレビや新聞をフル活用！
洞察する──社会や地域、生活者の日常を観察する

世の中全体と地域を観察しよう！

毎日の仕事や生活を作業のようにこなしていると、日々のできごとやニュース、ちょっとした変化などは目には映っていても記憶に残らず、結果、見えない『もの』や『こと』が増えていきます。それは、あなた自身が見ようとするか、しないかの違いです。つまり、意識するか、しないかの差です。

１９０２年にイギリスの作家ジェームズ・アレンが発表した『原因と結果の法則』という本をご存知でしょうか？　いま起こっている『結果』は過去のあなたが『原因』をつくっている、という考え方です。

たとえば、あなたは朝出勤前に見たニュースで、大人の社内いじめを取り上げていたとしま

しょう。

その日たまたま朝寝坊したあなたは気もそぞろにテレビを見ていたため、「気の毒だなあ」とは思うものの、特に気を留めることもなく情報が流れて行きました。

ですがこの日、寝坊することなくおきて余裕をもってニュースを見ていたとしたら、事態は変わっています。そのニュースを見たあなたは強く心を動かされ「気の毒だなあ」と思うと同時に「もし身の回りに困っている人がいれば役に立ちたい」と考えながらしっかりとニュースを見て、いじめのサインの見抜き方や解決法などを頭にインプットしました。そして会社でそれを実践し、社内いじめを解決できる可能性が生まれます。

同じニュースを同じ人が見ていても、何気なく無意識に見ていると情報がただの映像として流れていきます。でも、意識して見ていれば、「自分にできることはないか」「自分はどんなことで役に立てるのだろう」と思いをめぐらせ、具体的な支援策も考えながらニュースを消化しているのです。

つまり、**見るという意識が違うと『これから起こる結果』も変わる**わけです。

『これから起こる結果』は、ニュースを見ているときすでに決まっているのです。

これはテレビのニュースに限ったことではありません。現実に起こっていることやインターネット上で起こっていることも含め、あなたが見聞きするすべてで同じことがいえます。

重要なのは、どんな社会状況の中で地域にいる生活者が問題を抱えているのかを、日常の中で意識的に観察することです。

観察は、一緒に暮らす家族や仲のいい友達の何気ないひと言に対しても同じです。テレビを見ていた子供の「あれ、やってみたい！」のひと言を聞き逃さなかったことで、本業の床屋を利用する既存客が悦び、親子がふれあえる食べものづくり体験教室を開催している事業所の事例（122ページ参照）もあります。

この事業所が内容を変えた食べものづくり体験教室を実施すると、前回の食べものづくり体験教室に参加した床屋を利用する既存客が、友人や知り合いを誘って参加してきます。そしてその既存客が連れてきた友人や知り合いを、本業の仕事につなげています。

事例でわかるように、自分の仕事に関係のない食べものづくり体験教室であっても、**人として困っている人の役に立つ**、を意識することが大事なのです。

POINT

状況を俯瞰しながら見て、お客様目線で改善点を考えることが大事！

生活者を観察しよう！

『集まっちゃうしくみ』をつくるには、世の中の状況を知る必要があります。それは、困っている人がいるということは、その背後に困ることが起こるなんらかの問題や不具合が必ずあるからです。そうした困っている人の背後で起こっている問題や不具合も観察しながら、困っている状況や状態も知ることができると、その解消法や改善策も探しやすくなります。

世の中でいま起こっていることの情報は、テレビや新聞、インターネットなど、あらゆるメディアから集めるといいでしょう。

この情報を取り入れるときに気にかけて見てほしいポイントがふたつあります。

1.「なんで？」という疑問

2.「どうして？」という好奇心を持って視る

理由は、世の中でいま起こっていることに対して疑問や好奇心を持って見ることで、見逃してしまいがちな小さなことにも気づくことができるからです。　前述した『原因と結果の法則』

の考え方でも紹介した、意識的にニュースを見るときのコツ、といってもいいでしょう。闇雲にすべてのニュースを見ていても仕方ないので、このふたつのポイントを意識して見ると、情報の取捨選択もできます。

でも、「疑問と好奇心を持てない」という方もいらっしゃいますよね。なので、わたしが普段している疑問と好奇心を持って情報を視るコツを紹介します。

1.「なんで、きょうなの?」

2.「どうして、この活動をする必要があるの?」

1.「なんで、きょうなの?」

『成人の日』や『母の日』、『敬老日』、『文化の日』という国民の祝日。『節分』や『博多どんたく』、『朝顔市』や『立冬』などの行事。これらに合わせた活動は、「なんで、きょうなの?」という疑問に対して明確な答えがあります。また実際にしくみをつくったときに、地域メディアにも時節柄にぴったりのニュースとして取り上げてもらいやすいネタになりますね。

2.「どうして、この活動をする必要があるの？」

『新○○』や『最も○○』、『○○初』や『一番○○』という新規性や斬新性のあるものも、「どうして、この活動をする必要があるの？」と訊かれ、ニュースに取り上げてもらいやすいネタがつくれます。

のちのちテレビ局や新聞社などのメディアから「取材させてください！」といわれるためにも、常に「なんで、きょうなの？」と疑問を持ち、「どうして、この活動を？」という好奇心を持ってテレビを見て、新聞を読んでください。

そうすると、テレビや新聞のニュースから、「だれ」のために「なに」をしている活動であるかが見えてきます。

POINT
どんなことで困っている生活者がいるのかを観察する！

取材され仕事につなげる8つのポイント

新聞記事になった活動には、取材され仕事につなげる8つのポイントがあります。

1．使命が感じ取れるタイトル
2．活動のきっかけ
3．活動の目的
4．活動の狙い
5．仕事をする覚悟
6．どうしてきょう？
7．工夫した点
8．生活者への支援

地域の活動が紹介された新聞記事を読むときは、以上の8つのポイントを念頭に読むと、自分の活動に反映させやすくなります。

また、新聞記事は新聞記者が書きます。しかし、記事の内容は取材された側の活動や人柄であることを忘れてはいけません。最終的に、文字になって読者に伝わるのは、取材される人の口から出てきた言葉です。つまり、新聞記事をつくっているのは取材される側の人でもあるといえるでしょう。

仕事をする覚悟が取材記事に掲載されることで、活動の目的や支援する本気の気持ちがより多くの人に伝わり、仕事につながります。

POINT
本気の気持ちが伝わらないと仕事につながらない

3 生活者に訊いてわかる 問題認識——目標と目的を明確にする

目的を明確にする！

人の行動には必ず目的があります。ふらっと家を出て散歩するにしても、気晴らしや骨休めというように、なんらかの目的があっての行動です。

地域にいる生活者の楽しい生活を支援し、お役に立つために仕事をしている商人は、すべての行動に意味をもたせ、目的を持って行動しなければなりません。目的なしに前に進むことは時間と労力の無駄使いです。

では、『集まっちゃうしくみ』の目的はなにか？

1．集客をやめる

2. 訊いてもらう

3. 一緒につくる

『集まっちゃうしくみ』をつくる目的をひとつずつ説明します。

1. 集客をやめる

『集まっちゃうしくみ』をつくる第1の目的は**【集客をやめる】**ことです。こちらの都合で集客しなくても、生活者（お客様）が勝手に集まってくるしくみをつくることです。

理由は、集客されたい人はいないからです。

消費者である生活者がお店や会社に行って、商品を買ったり、サービスを受けるのは、お店や会社から集客されたからではありません。自分の意志で行動しているのです。

でも、お店や会社を運営していくためには、お客様に来てもらう必要があるわけです。しかも、ほかのお店や会社ではなく、自分を選んで来てほしいのですよね？

だってそうしないと、商品を手にとってもらえないし、サービスの説明を受けてもらえないですから。

たとえばあなたの家の水道が水漏れしました。相談する人を探します。仕事を頼んだことはないけれど顔見知りの業者がいます。会ったことのない業者もいます。

そうすると、当然、顔見知りの業者に相談します。それは、知らない業者に頼んで騙されたくないからです。失敗したくないからです。

『集まっちゃうしくみ』では、生活者が、生活上の悩みや不安を気軽に安心して相談できるよう、生活者目線で考えた催しをします。

わたしたち商人は、商品を購入し、サービスを受けてもらいたいのです。そのためには地域にいる生活者と出会う必要があります。

また、商品やサービスを売るだけではなく、地域にいる生活者を悪質な業者から守るためです。催しをすることで、生活者にとって『知らない人』から『知っている人』になるためでもあります。

2. 訊いてもらう

『集まっちゃうしくみ』をつくる第2の目的は、『訊いてもらう』ことです。お店や会社を運営していくためには、お客様に来てもらう必要があります。

しかし、「だれでもいいから来てもらいたい」ということではないですよね？

お店や会社で取り扱う商品やサービスに興味のない人に来てもらっても意味がありません。

なので、『集まっちゃうしくみ』をつくる２つ目の目的は**【訊いてもらう】**です。

【訊いてもらう】とはどういうことかというと、**聞く耳を持った人に訊ねてもらう**ということです。

ここが重要なところですが、お店や会社で取り扱う商品やサービスについて、お客様から訊いてもらえてはじめて説明ができます。

「お客さん！　これはですね」といった瞬間、お客様は引きますよね？　つまり、（こちらの都合による）営業をされたからです。

集客と同じで、**営業されたい人はいないです。**

『（イベントや行事で体験教室をする）集まっちゃうしくみ』では、営業されたくない人が自分の意志で訊いてくるしくみをつくります。

そうすることで、地域にいる生活者に気分よく楽しんでもらいながら、こちらが訊いてほしいことを訊いてきてもらえるのです。

こちらが訊いてきてほしいことを訊いてきてもらう方法については、170ページで紹介します。

3. 一緒につくる

『集まっちゃうしくみ』をつくる第3の目的は、地域にいる生活者と出会うことです。地域にいる生活者が、**金額に見合わない商品やサービスを買って失敗したり、言葉巧みな業者から騙されないよう、携わる業界に関する本当の情報を提供する**ためにも出会う必要があります。

ですから、地域にいる生活者が気軽に集まれる（イベントや行事で体験教室をする）場をつくります。

ただ、ここでいうイベントや行事でする体験教室は、これまでのやり方とまるで違います。

これまでのイベントや行事でする体験教室は、商品やサービスを売ることが目的であり、業者の下心が丸見え状態のものが多いです。だから、せっかく来場した生活者をがっかりさせて帰すことになっています。

『集まっちゃうしくみ』のイベントや行事でする体験教室は、これまでのやり方と相反しています。携わる業界の最新情報やお得な商品・サービスを体感してもらえるしくみをつくります。同時に、地域にいる生活者が、日常生活で困っていることや望んでいることを気軽に相談できるしくみをつくるのです。こうすることで、地域の生活者にわたしたち商人の存在を知っていただくと同時に、商人の側も地域の生活者の悩みや需要を知ることができるというわけです。

しかも、『集まっちゃうしくみ』のイベントや行事でする体験教室は、コミュニティの場を参加者（お客様）と一緒に考えながらつくります。そうして地域にいる生活者と出会い、ふれあい、つながりをつくっていきます。

『正当な利益』を理解してもらう！

しかし、地域にいる生活者を悪質な業者から守るだけでは「いい人」にしかなれません。これではお店（会社）に利益は生まれません。地域にいる生活者のお役に立ちながら正当な利益を得る。しかも「いい人」になる。そのためには、**わたしたちが商いで得る利益は正当なものである**ということを理解してもらう必要があります。

『正当な利益』なんていい方をすると、なんだか堅苦しい話に感じるかもしれませんが、事業を継続していくためにお金は必要です。

なんだかんだ格好をつけても、お金がなければお店（会社）を健全に運営していくことはできません。つまり、お金がなければ地域にいる生活者を悪質な業者から守り、かつ楽しい生活の支援をするという使命を全うすることもできないわけです。商人の役目でもある使命を全うし、地域にいる生活者の楽しい生活を支援し続けるためにも、わたしたちが商いで得る利益は正当なものとして理解し、購買してもらう必要があります。

そのためにも、体験教室などをひらき、実際にその技術がどれほどのものか身をもって経験してもらい、手間や材料などを含めたコストについて納得してもらうことが重要です。

生活者目線で催す『集まっちゃうしくみ』のイベントや行事は、地域にいる生活者と商人が出会う場です。そして、イベントや行事を通じて、商人が商いで得る利益は正当なものとして理解してもらう場でもあるのです。

POINT

あたり前の利益をあたり前と理解してもらうことが大事！

4 コツさえつかめればニュースがわかる！

調査する――社会や地域、生活者の日常を調査する

世の中全体と地域を調査しよう！

【調査をする】というと、なんだか探偵のように聞こえるかもしれませんね。でもこれは、地域でいま起こっていることの実際の状態を知るためです。体験教室や催しで地域の生活者から訊きだした困っていること、不便に感じていることとの状況を調べましょう。

地域の生活者を疑うわけではありませんが、ひとつの物事に対して、人間は三者三様の見方をし、意見を持っています。その訊いた人の主観をぬきに、どんな状況なのかをきちんと調べることも怠ってはなりません。

また、地域社会に限らず、個人や社会が、現在、および将来において動いている成り行きなど、明らかに確実であることを調べましょう。わたしたちは、仕事以前に、困っている人のお

役に立つことが大切です。だったらまずは、どんなことで困っている人がいるのかを調べて正確に知っておかなくてはなりません。

世の中全体と地域の状態や変化を調査し生活者の日常を知るには、テレビや新聞、インターネットは便利なツールです。

『集まっちゃうしくみ』をつくるには、テレビや新聞のニュースはありがたい情報源です。毎日見るように心がけ、習慣にするといいでしょう。特に朝（5時〜8時）のテレビニュースと、夕方5時〜7時くらいに放送されるニュースは、参考になる情報がたくさんあります。

ただし、同じチャンネルをずっと見るのではなく、15分単位でチャンネルを切り替え、各局のニュースを見ると効果的です。それは、テレビ局の指針が異なるからです。同じニュースでも、テレビ局によって伝え方は違います。同じニュースをいくつものテレビ局で見ると、取材した人や制作・編集した人の見方、捉え方、考え方、そして伝え方が学べます。

また、新聞に掲載されている世の中全体と地域の状態や変化に関する情報も、地域にいる生活者の役に立つ『集まっちゃうしくみ』をつくる際に役立つものばかりです。

特に、新聞に掲載されている世の中全体の動きが書かれている社会欄や経済欄、地域の話題や変化を伝えている地域ワイド情報はしっかり読み込んでください。

社会貢献活動に関する記事は、次のポイントを意識して読み込んでください。

1. 放映されたニュースや掲載された記事にはどんな背景があるのか？
2. 困っている（望んでいる）人はどういう人たちなのか？
3. どんな問題があり、どうやって乗り越えたのか？
3. 楽しくするためにどんな工夫をしたのか？
4. どうして「今」掲載されているのか？
5. 取材されている人はどんな特徴のある人なのか？
6. 今後は、どんなことを考えているのか？

1～6の項目を読み取りながら、興味を持った記事や気になった記事をスクラップしておくことをおススメします。

そうしてテレビを見て、新聞を読むことで、世の中全体と地域の状態や変化を視ます。

しかし、**テレビを見て新聞を読んで想像するのと、実際の現場（地域）を見るのとでは、大きな相違**があります。あなたにも経験があると思います。

わたしは阪神淡路大震災後1ヶ月くらいの現場に行きました。地域は悲惨な状況でした。記憶に新しい東日本大震災で壊滅的な被害を受けた地域にも行きました。いまだに仮設住宅で不自由な生活を余儀なくされている方々が大勢います。

テレビを見て新聞を読んで想像するのと、実際の現場（地域）を見るのとでは、大きな相違があることを肌で感じました。

世の中全体と地域の状態や変化を知るためにも、実際の現場（地域）を体感することは大切です。

POINT
問題に直面している実際の現場（地域）を見ることが大事！

生活者を調査しよう！

テレビや新聞を見ることで、世の中全体の動きや地域の話題や変化がわかります。世の中や地域で起こっているさまざまな問題や事件・事故、災害などの背景が見えてきます。

地域にいる生活者の役に立つ活動をするためにも、いま起こっている問題や事件・事故、災害などの裏側を、さまざまな視点で、さまざまな論点で見て調査します。

そして、〝いま〟を見ることが大切です。

次に、実際に地域で生活している人たちの生の声を訊く必要があります。ただ、いま起きている問題の内容によっては、直接生の声を訊くことが難しい場合もあります。

そういう場合でも、実際の現場（地域）を体感することで、テレビの映像や新聞紙面からは決して読み取れないものが見えてきます。

ですから、その地域の生活者と直接話ができなくても、問題や事件・事故、災害などが起きている現場に自分で実際に行って調べましょう。

食堂や地域の人が集まる場所で声を集めましょう！

POINT

地域にいる生活者の役に立つ活動をするため本音を訊き出すことが大事！

5 解決策立案――悩みの解消策や願望を叶える方法を考える

生活者同士のつながりこそ解決の糸口！

出会いの『接点』をつくろう！

観察し調査をすることで、世の中全体と地域の状態や変化によってさまざまな問題があり、困っている人がいることがわかりました。でも、困っている人の問題解決や悩みを解消させるためには、地域で生活している生活者から、実際に困っていることや叶えたい願望を訊く必要があります。

そのためにも、なにらかの方法で、地域にいる生活者と出会わなければなりません。そのためにはふたつの方法があります。

1．人を通じて出会う

2. ツールを通じて出会う

1. 人を通じて出会う

この場合、好きなスポーツや趣味でつながりのある人たちを介して生活者と出会うことをさします。お子さんがいる場合は子ども会やPTAで出会うこともできますし、地域の町内会や祭り実行委員会でもいいでしょう。

2. ツールを通じて出会う

ここでいうツールとは、インターネットのブログやフェイスブック、ツイッターやミクシィ、ラインやユーストリームのことをさしています。

わたしたちは、身近にいるたくさんの人やインターネットのツールを使って、さまざまな人たちとつながって生活しています。

ところが、「困っている人の問題を解消するために出会おう!」と意識して考えている人は少ないですよね。あたり前かもしれません。でも、困っている人の問題を解消してあげたり、願望を叶えたい人と思っている人の望みを叶えてあげなければ、商人としての役目を果たすこともできません。出会いがなければ、仕事につなげることもできないわけです。

より広範囲の地域にいる生活者やインターネットを使う人と出会うためには、出会うための『接点』をつくる必要があります。

『接点づくり』には、次のようなことをしてみましょう。

1．お茶会や食事会で出会う

2．体験教室で出会う

1．お茶会や食事会で出会う

地域にいる生活者と出会うにはお茶会や食事会をしてみましょう。最初はごく身近にいる知り合いを対象にして、まずは〝練習〟のつもりで開催してみるのもいいかもしれません。

身近な人なら、段取りどおりにうまくいかなくても許してもらえます。ただ、身近な人と練習するつもりでお茶会や食事会をするときにも、やるべき大切なことがあります。

1. どんな目的でするのか？

2. どんな狙いでするのか？

ここで、目的を決めてお茶会を開催している事例を紹介します。

お茶会で出会い交流する

社会保険労務士と産業カウンセラーの資格を持ち、セクハラ・パワハラ防止コンサルタントで心理相談員をしている李怜香さん（栃木県宇都宮市http://www.facebook.com/younghyang）は〝チャリティ KoreanCafe〟を主宰しています。

どうして〝KoreanCafe〟なのかというと李怜香さん、実は在日韓国人三世で、日本生まれの日本育ちなのだとか。

「同業者と仕事で差別化して『集客』するのではなく、日本の友人に韓国について関心を持ってほしい、知ってほしい、そして、もっと仲良くなりたいと願い、交流の輪を広げることが目的で〝チャリティ KoreanCafe〟をはじめました」という思いどおり、「韓国料理を食べたい」、「韓国について知りたい」、「いろんな人と交流したい」という人たちを集めています。

〃チャリティ KoreanCafe〃では、短い時間の中でこんな交流があるそうです。

1．韓国料理をみんなでつくり、美味しく食べながら悩みを相談できます。

2．韓流スターに街でバッタリ会っても慌てず、楽しくおしゃべりができるよう韓国語ミニ講座をしています。

3．お互いのできることややりたいこと、やってほしいことや手伝ってほしいことを知ってもらいながらビジネスパートナーを探しています。

〃チャリティ KoreanCafe〃は、『韓国』をキーワードに〃集まっちゃうしくみ〃ができている

チャリティ KoreanCafeの様子。

ということです。

2．体験教室で出会う

地域にいる生活者と出会うには、地域で行うイベントや行事に参加するか、お店や会社として体験教室を開催しましょう。

体験教室を開催するにもやるべき大切なことがあります。

1．親子で楽しめるしくみを用意する

2．価値を教えるしくみを用意する

つまり、体験教室をする目的である地域にいる生活者に悦んでもらうためにも、『**1．親子で楽しめるしくみを用意する**』ことは大切です。でも、主催者側には狙いも必要です。その狙いのひとつに『**2．価値を教えるしくみを用意する**』これが重要です。

あなたが提供する商品やサービスの価値が伝わらなければ、売れるはずがありません。

体験教室を通じて価値を教えるしくみは、

1．参加する人全員ができる体験
2．興味がある人だけ参加する体験
3．こだわりのある人だけできる体験

と「1」よりも「2」、「2」よりも「3」の順に、難易度が高くなり料金も高くなるように設定します。

『1．参加する人全員ができる体験』では、だれもが体験できる必要があります。そうすることで、体験の価値を伝えることができます。

難易度が高くなるにつれて料金も高くなるように設定しているのは、人によって体験への満足度が異なるためです。

たとえば親子で楽しめる体験教室のしくみをつぎのように設定すると、参加者それぞれのニーズにあった体験ができ、満足度が高まります。

1. 子供がひとりでできる体験

2. 親子が一緒にする体験

3. 大人でなければできない体験

『1. 子供がひとりでできる体験』によって、わが子の成長を見ることができます。

『2. 親子が一緒にする体験』によって、上の子や下の子がいてなかなかふれあうことのできない子供と気持を通わせることができます。

『3. 大人でなければできない体験』によって、親に対する尊敬や感謝を確認することができます。

POINT

参加する人を意識して企画を考えることが大事！

6
解決後を具体的にイメージ

解決策計画――悩みの解消策や願望を叶える計画を立てる

悩みの解消策や願望を叶える計画を立てよう!

『集まっちゃうしくみ』をつくる上で最も重要なことは、地域で生活している生活者が抱えている諸問題を解決するための取り組みを考え活動することです。ですから、正しい手順で活動を進めていく必要があります。特に大切にしたいのが【計画を立てる】ことです。計画なくして目標は達成できません。無理なく実行できて、成果（結果）の得られる計画を立てることが大事です。

体験教室の計画に必要なのは、次の項目です。

1. 体験教室を企画する前（活動方針・コンセプト・目標・目的・狙いを決める）
2. 体験教室を企画する（体験の内容を決める）
3. 体験教室の準備（材料と道具・作業手順・時間計測・撮影などの確認）
4. 体験教室実施前（メディアへの連絡）
5. 体験教室実施中（次へつなげる体験）
6. 体験教室実施後（クロージング）

体験教室の計画手順をひとつずつ説明します。

1. 体験教室を企画する前（活動方針・コンセプト・目標・目的・狙いを決める）

コンセプト・目標・目的・狙いについては、ここであらためて説明する必要はないでしょう。**体験教室の活動方針**は、体験に参加する人への貢献が第一でなければなりません。

2. 体験教室を企画する（体験の内容を決める）

体験教室の企画内容は、**活動方針やコンセプト**に沿ったものであることがベストです。加えて、目標・目的・狙いを達成するための企画になることが重要です。

体験教室の企画内容は参加者目線で考え、参加する人の喜びや満足を超える企画にしましょう。

体験教室の企画内容を主催者の都合で考えると、参加者がまったく集まらないということもあります。

『集まっちゃうしくみ』で開催している体験教室が人気なのは、**体験教室の企画内容**を参加する人と一緒に考えているからなのです。

あるいは、家族や親戚、友人や知り合いの〝何気ないひと言〟から**体験教室の企画内容**を考えることもあります。

参加する人の要望が高く、活動方針やコンセプトに沿ったものであれば、食べものをつくる体験、使うモノ（テーブルやイスなどの木工品や装飾品などの小物）をつくる体験など、体験内容はさまざまです。

つまり、参加する人の都合を最優先に〝参加者目線〟で体験教室の企画内容を考えることで、参加人数も多くなり、悦び（喜んで感動すること）も大きくなるということです。

3. 体験教室の準備（材料と道具・作業手順・時間計測・撮影などの確認）

『集まっちゃうしくみ』で開催する体験教室は、**準備**に時間をかけます。それは準備が成果（結果）を左右するからです。

たとえば、カレーライスをつくる体験教室でカレー粉を忘れたらシャレになりませんよね。これは体験教室に限ったことではありません。仕事や遊びやスポーツなどでも同じことです。準備が成果（結果）を左右します。

材料と道具を揃えよう！

一般的に『準備』といえば、料理体験や木工体験に使う食材や木材などの材料や、まな板や包丁、ノコギリや金づちなどの道具を連想されると思います。

もちろん、材料や道具を揃え準備することは大切です。ですが、材料や道具を揃える前に大事なことがあります。

それは、

「参加者が悦んでいる姿をイメージする」ことです。

あたり前ですが、参加して体験する人に悦んでもらうためです。参加した人が悦んでくれないと仕事につながらないからです。

『集まっちゃうしくみ』のイベントや行事で行う体験教室は、手段であって目的ではありません。狙いはあくまでも仕事につなげることです。

だから、参加者が悦んでいる姿をイメージすることが重要なのです。ある意味、『悦ばすための材料や道具』を調達するといっても過言ではありません。

たとえば、親子で楽しむクッキーづくり体験教室に参加する子供が幼稚園児なら、コップやお皿、クッキーの抜き型も、子供たちが悦んでいる姿をイメージして、子供たちの好きなキャラクターを選びます。

70歳くらいの人が参加する木工体験教室でつくる作品は、『強度よりも見栄えを重視』します。なので、体力の落ちている70歳くらいの人でもノコギリで簡単に切れて悦んでいる姿をイメージしながら、比較的柔らかい材質の木材を選びます。

参加者が悦んでいる姿をイメージして材料や道具を準備するのは、体験した後で「わたしのためにありがとう！」といってもらい、仕事の受注や販売につなげるためです。

POINT その場そのときで悦びを与えられる材料と道具を準備しよう！

『集まっちゃうしくみ』のイベントや行事で行う体験教室は、大きく分けると2つあります。ひとつは仕事でできることの体験です。もうひとつは仕事以外の体験です。

仕事でできることの体験は、仕事でしている作業手順どおり進めてください。

仕事以外の体験の場合は、基本的に次のように進めます。

作業手順を考えよう！

1．まずは『家族と体験』する

2．家族が「またやってみたい！」という体験を、友達の家族とする

3．友達の家族が「ほかの友達にもやらせてあげたい！」と呼んできた友達とする

作業手順は、この時点ですでに完成されています。

たとえば食べ物をつくる体験教室なら、家庭でつくるカレーライスの作業手順と一緒です。

後は、でき上がったカレーライスのつくり方を〝逆再生〟しながら、作業手順としてまとめるだけです。なにも難しいことはありません。

時間を計測し撮影しよう！

複数の人を集めるイベントや行事で行う体験教室は、『時間どおり遂行する』ことが大切です。「時間どおりでなくてもいいんじゃない」という人もいたりします。が、参加者にどういう人がいても、主催者にはイベントや行事を時間どおりはじめ、進め、終了させる役目があります。まずは、時間どおり進めることを目指してください。

『集まっちゃうしくみ』のイベントや行事で行う体験教室では、**時間どおりはじめ、進め、終了させるためのタイムスケジュール**をつくります。

タイムスケジュールをつくるには、次のことを行います。

1．試しにやってみる

2．ビデオを撮る

3. 検証する

4. 参加者を変えて、1〜3を繰り返し行う

重要なことは、「1. 試しにやってみる」ということです。

体験教室をやって失敗する人の多くは、試しにやらない人です。

体験教室というのは、その体験をやったことのない人がほとんどです。時間どおりにできるはずがありません。ですから事前に準備し、試しにやってみて、あらかじめ準備しておくもの、手助けが必要な手順などを把握し、対策をしておく必要があります。また、初心者の参加者が余裕を持ち、楽しみながら完成させるのに必要な時間を把握し、設定しましょう。

もし、ぶっつけ本番的に行う体験教室が時間どおりに終わっているとしたら…参加者は、悦ぶどころか消化不良です。不満足な体験をさせられて不機嫌になっているはずです。なぜなら、参加者は本当に理解したり感動することなく、主催者の都合で流れ作業をするだけの体験で終ってしまったからです。

そうすると、当然、仕事にはつながりません。仕事につなげるどころか二度と会えない人をつくってしまいます。

次に多いのがビデオを撮らない人です。

ビデオを撮らなくても、説明や作業ごとに時間を計ることで、時間どおりはじめ、進め、終了させるためのタイムスケジュールをつくることはできます。でも、自分が説明している言葉が、参加者にとって本当にわかりやすい説明であるのかは疑問です。

ビデオを撮影していれば、全体の流れが見わたせます。参加者に説明している言葉や指導するやり方についても、後で第三者に見てもらいながら検証することができます。

POINT
時間どおり楽しめる催しを組み立てよう！

4．体験教室実施前（メディアへの連絡）

体験教室は、地域にいる生活者の楽しい生活を支援する活動です。つまり、立派な地域貢献活動です。なので、テレビやラジオ、新聞やタウン誌などのメディアに連絡して取材してもらいましょう。

「活動内容をメディアに連絡しましょう。取材してもらいましょう」というと、「こんなことで取材されるんですか？」という人もいます。取材するかどうかは、新聞社やテレビ局側で決めることです。連絡もしない人が決めることではありません。メディアへの連絡の方法として、プレスリリースを書いてファックスや郵便で送るやり方が一般的です。が、知らないお店や会社からのプレスリリースは読まれません。これまでに取材された実績がない方はやめたほうがいいです。取材された実績がない方は、テレビやラジオ、新聞やタウン誌とつながりのある知り合いを通じて連絡するといいです。取材を受けたことのある人を通じて連絡してください。もちろん、取材に値する、地域貢献活動であることが前提です。

5. 体験教室実施中（次へつなげる体験）

体験教室は、「またやりたいね」といわれる楽しい体験を行う必要があります。そうでないと、リピートや口コミによる紹介がありません。体験教室を行う本来の目的である、商品の販売やサービスの受注につながりません。だから、体験教室がスタートしてから終了するまでの間で、商品の販売やサービスの受注へつなげるしくみ（自分が思うとおりお客様に行動してもらう流れの計画）をつくり、しかけておく必要があります。

6．体験教室実施後（クロージング）

地域にいる生活者に喜んでもらうため、お店が休みの日にも関わらず体験教室をするのですから、体験教室に参加した人に商品を購入してもらいたいですよね。サービスを受けてもらいたいでしょ？　体験教室に参加する人への貢献も大切ですが、お店（会社）の成果（結果）につなげなくてはなりません。

ここでいうクロージングとは、体験教室を受講した人に商品購入やサービスを受けてもらう、そのお約束をいただくことです。

POINT
体験教室を仕事につなげよう！

7 みんなが楽しむことが大事！ 解決策実施——悩みの解消策や願望を叶える計画を実行する

まずは家族と試そう！

楽しい体験をまずは家族で楽しみましょう！　家族さえも悦んでくれないものを、他人に勧めてはいけません。実はこれ、商品やサービスも一緒ですよね？

あなたの家族や親戚、友だちや知り合いがいいと思わないものは広まりません。なので、まずは体験を家族で楽しみ、その楽しいことを家族の一人ひとりが大切な友達に教えるのです。

口うるさい人と試そう！

世の中にはいろいろな人がいます。

行動的な人と消極的な人。自分の意見をいえる人といわない人。本音でしゃべる人と体裁を気にしてしゃべる人。『集まっちゃうしくみ』のイベントや行事で行う体験教室をこれからつくっていく上で必要な人は、『口うるさい人』です。

ここでいう『口うるさい人』とは、文句ばかりいう人ではありません。


相手のためになることを、愛情を持っていってくれる人です。


こういう『口うるさい人』は、よき助言者であり協力者になってくれます。お店や会社のことを思えばいったほうがいいと思いながらも、「いって気を悪くされるのもイヤだし」と考える人が多い中で、あえて〝汚れ役〟を買って出てくれる人は貴重です。

また、『口うるさい人』だって、いわなくて済むなら本当のことをいいたくありません。あなたのために愛情を持っているからいってくれるのです。ですから、『口うるさい人』に本当のことを教えてもらった時は、感謝の気持ちを伝えましょう。

「わたしのために教えてくれてありがとう」

という気持ちを伝えれば、あなたはきちんと耳の痛いことを訊き、改善できる人であるとわかってもらえます。そして、もっとあなたに協力したいと思うでしょう。

POINT お客の声を代弁できる本音をいえる人と試そう！

お節介な人と試そう！

『口うるさい人』がいてくれると、『集まっちゃうしくみ』のイベントや行事で行う体験教室はいいものができます。しかし、『集まっちゃうしくみ』であるためには、『違う性質の人』も必要です。〝違う性質の人〟というのは、『お節介な人』です。ここでいう『お節介な人』というのは、なんらかの問題を抱えて困っている人や、やりたいことがありながらいい情報を見逃しているような人の役に立つことが好きな人です。

要するに、自分が体感してよかったことを**黙っていられない人**。

こういう『お節介な人』に、集まっちゃうしくみのイベントや行事で行う体験教室を試しにやってもらえると効果が何倍にもなります。

だって、黙っていられないのですから。参加しながら新たな体験教室をつくってしまうのです。

「まだだれにも言わないで！」なんていわれると、余計にしゃべりたくなっちゃう。こういう『お節介な人』にも、ぜひ、『集まっちゃうしくみ』のイベントや行事で行う体験教室に参加してもらいましょう！

逆に、『お節介な人』を巻き込まないと『集まっちゃうしくみ』が成り立ちません。

せっかく〝汚れ役〟を買って出てくれる『口うるさい人』といい体験教室をつくっても、人が集まりたくなる効力が小さいままでは成功できないのです。

身近にいる『お節介な人』を巻き込みながら、試しに体験教室をやってみることが大切です。

POINT

ボランティア精神旺盛な人を巻き込むことが大事！

8

本当に問題は解決したの？
結果の検証――実行した計画に対する結果を評価する

体験者と改善・改良しよう！

『口うるさい人』や『お節介な人』と『集まっちゃうしくみ』のイベントや行事で行う体験教室を試しにやることにより、参加する人に悦んでもらえる体験教室を構築することができます。

でも、どんなにスゴい体験教室をつくっても、同じ体験は飽きるのです。

1回目は感動するのですが、2回目、3回目と回数を重ねると新鮮味が欠けてきます。そうすると〝集まらないしくみ〟になってしまいます。

これは、体験教室に限ったことではありませんね。

あなたのお店や会社で取り扱う商品やサービスにも同じことがいえます。それは、日本人が新しいものが好きな国民性だからです。

なので、新しもの好きな日本人である地域の生活者のためにも、体験教室を常に改善・改良していく必要があるわけです。

では、どうやって体験教室を改善・改良していくのかというと、

実際に体験教室に参加した人の本音の声を取り入れる。

当然といえば当然のことですが、ほとんどのお店や会社ではやっていません。なぜなら、ほとんどのお店は「いまあるモノ（商品・サービス）」を売るために体験教室をするからです。だから売れない。売れないから値引きする。プレゼントをつける。悪循環を自らつくりだしてしまいます。

体験教室を実際に体感した人の本音の声を訊き出し取り入れ、体験教室を改善し改良することで、常に新鮮な体験教室になります。そして、『集まっちゃうしくみ』が回っていきます。

体験者の声を訊いて新たな企画を考えよう！

では、どうやって体験教室を実際に体感した人の本音を訊き出せばいいのか？

それは、体験教室に参加した人が『**本音を〝ポロ〟っとしゃべっちゃうような状況**』を**意図的につくればいい**のです。

男性は、「仕事を離れ、気の合う仲間とお酒を飲んでいるときに本音でしゃべる」といいます。

女性は、「家庭を離れ、愚痴を聞いてもらえるお友達となにか食べているときにいろいろおしゃべりする」と答えています。

つまり、男女ともに、仕事や家庭を離れ、心を許せるだれかと飲食しているときが『**本音を〝ポロ〟っとしゃべっちゃうような状況**』であると考えられます。

ですから、体験教室を実際に体感した人の本音を訊き出すためには、『**仕事や家庭を離れ、心を許せるだれかと飲食しているとき**』を**意図的につくる**のです。

そうして心を許せる状況で、『**本音を思わず〝ポロ〟っと、しゃべってもらう**』のです。

わたしは、そば打ち体験やクッキーつくり体験などの食べものつくり教室もやりました。

木工品制作体験や網戸張り体験などの使うものづくり教室も開催しました。

そして体験教室の後で、試食会や懇親会を必ずしていました。

なぜなら**『本音を思わず〝ポロ〟っとしゃべってもらう』**ためです。こちらの狙いどおり、体験教室後の試食会や懇親会では本音トークが炸裂します。

本音トークが出ないときは、自分の失敗談で切り込みます。

すると、わたしの失敗談から、失敗の自慢ともいえる本音トークがドンドン出ます。

このように**『本音を思わず〝ポロ〟っとしゃべってもらう状況』**をつくることで、改善・改良しても飽きてしまう体験教室を刷新する新たな企画を考えてもらうわけです。

POINT

アイデアや本音はリラックスした状況から〝ポロ〟っと生まれる！

第4章

集まっちゃうしくみを運営する5つのコツ!

1

楽しくなくっちゃはじまらない！

自分がやってみたい体験をしよう！

自分が楽しいことをしましょう！

娘の「うわぁ、これ、やってみた～い！」のひと言が『体験教室』をするきっかけになりました。

横浜市で床屋（ヘアーサロンエアhttp://ameblo.jp/cutspace-rental-ea/）を営んでいる鈴木誠一さんはこういいます。

かまぼこづくりの体験ができる工場を紹介するテレビを家族で見ていると、突然、娘さんが「うわぁ、これ、やってみた～い！」といったそうです。お店の仕事もあるし遠くまでいけないし、と考えているそのとき、頭に思い浮かんだのが知り合いのかまぼこ店。

数日後、たまたま遊びに来た娘さんの友だちに、テレビで見た『かまぼこづくり体験』の話をしてみたところ「やってみた〜い！」というので、娘さんのほかの友だち数人にも訊いてみると、その日のうちに5人の友だちがやりたいとのこと。そこで知り合いのかまぼこ店に事情を話して、『かまぼこづくり体験』を企画することになったそうです。

鈴木誠一さんがしたことで重要なのが、

1．お客様（娘さん）の声を見逃さなかったこと。

2．また、お客様（娘さん）のニーズが需要としてあるのかを、娘さんの友だちにも訊いた（調査した）こと。

3．さらに、娘さんのやりたいことを自分では叶えられない。そこを知り合いのかまぼこ店と連携したところ。

大事なのは、家族を含めた身近にいる人や既存客が悦ぶことをするということです。

POINT
一番身近にいる家族の声に耳を傾けよう！

身近にいる人に悦んでもらいましょう！

鈴木誠一さんの事例では、『娘さんの何気ないひと言』が体験教室をはじめるきっかけでした。ちょっとした『家族の願望』を聞き逃さなかったのです。つまり、『やってみたいこと』を実現してあげた。それがリピートや口コミ紹介につながったわけです。

『やってみたいこと』は、両親や妻、子供や自分自身の困っていることや願望から探し出すといいでしょう。しかも、自分で体感して楽しかったことや、またやってみたいと思ったことは伝えやすいです。自慢たっぷりに得意げに話したりします。

また、身近にいる家族は一番の理解者であると同時に、最も厳しい評論家でもあります。ここが嫌だった、手際が悪かった、楽しくなかった。耳の痛いことを一番にいってくれるありがたい存在です。家族の感想を素直に訊いて、体験教室の反省を行いましょう。

2 参加者を飽きさせない！リピートするしくみをつくろう！

遊び方を教え続ける

「かくれんぼする人よっといで〜！」と呼びかけると、10人の子供が集まりました。次の日も呼びかけてみると、4人しか集まりませんでした。また次の日も呼びかけて待っていましたが、だれも来ません。

なぜだかわかりますか？

それは、これまでの『かくれんぼ』に飽きたのです。『かくれんぼ』のやり方を変えてくれない人に興味がなくなったのです。重要なことは、次の遊び方を教えてあげることです。

鈴木誠一さんは、「2回目にやるさつまあげづくり体験教室、3回目にやるちくわづくり体験教室を考えてから1回目のかまぼこ体験教室をはじめました」といいます。

なぜ、そういうやり方をしたかというと、

「わたしが主宰する勉強会（でっかいビジネスモデル構築実践塾）で一緒に学んでいる松本郁子さん（いくこママズパソコンスクール）からヒントを得たんです」とのこと。この松本郁子さんが運営するパソコンスクールでは、生徒さんにパソコンの操作ではなく、遊び方を教えているのです。

遊びのレベルを少しずつ上げていく

松本郁子さんが運営するパソコンスクールでは、生徒さんに常に別の遊び方を教え続けています。だから15年も通い続けている人がいます。平均すると7、8年通っているそうです。

しかしそれは、生徒さんに別の遊び方を教え続けているだけではありません。

生徒さんが知らず知らずのうちに技能がアップするよう考えてつくられている企業秘密のテキストがあるそうです。

そこにいけば楽しい。そこに集まれば新しいことが覚えられる。その期待感を常に持続させることが、『人が集まる場』を継続するためには不可欠だということです。

3 効果を倍増させる 口コミ・紹介されるしくみをつくろう！

口コミ・紹介する理由をつくろう

あなたは、ご自身で利用したお店や会社をブログやフェイスブックで紹介したことがありますか？　お店や会社を友だちに紹介したのは、どんなときでしょう？

口コミ・紹介するには理由があるのです。

「自分が思っていた以上に美味しかったから」
「価格以上のサービスに満足できたから」
「思いもしないうれしい対応をしてもらったから」

わたしなら、値引きやプレゼントもうれしいのですが、自分のためだけにしてくれていると感じたとき、すなわち**自分だけ特別に優遇されたと感じたとき**です。こういうときは間違いなくブログやフェイスブックに記事を書きます。家族や知り合いに話します。ときには利用したお店や会社に家族や知り合いを連れて行きます。

つまり、口コミ・紹介されたいのなら、お店や会社を利用してくれるお客様に、「自分だけ特別に扱ってもらっている」と思ってもらえばいいわけです。

POINT

人の行動には『理由』があることを意識して考えることが大事!

お客様が口コミ・紹介する行動の流れを計画する。

たまたまとか偶然ではなく、それをするとほとんどの場合、自分が思うとおり相手が口コミ・紹介してくれる。つまり、お客様の行動の流れを計画する。それがしくみです。

鈴木誠一さんは、娘さんの行動をいつも観察しています。

あるとき、一通の暑中見舞いが娘さん宛てに届きました。

「うわぁ！　スイミングスクールのコーチからお手紙が来たぁ～！」と娘さんは小躍りしたそうです。

このとき鈴木誠一さんは、「子供って、これくらいのことでも喜ぶんだなぁ」と思ったそうです。そこで、かまぼこ屋さんと連携した体験教室を開催したときに、これを真似してみたそうです。

1.「すり身づくりレシピ」を、体験教室参加お礼&残暑お見舞いとして参加者に送付。

2.夏休みの自由研究にしてもらう。

3.第3回「すり身づくり体験教室」の口コミ・紹介につなげる。

こうした自分が思うとおり相手が行動してくれる計画を立てるのです。子どもが再度体験教室に行きたがる動機、そして口コミがうまれるように鈴木誠一さんははがきを送りました。すると狙いどおり、第2回「ちくわづくり体験教室」に参加したひとりの子供が自由研究として書いたそうです。それを、かまぼこ屋さんに送ってくれました。
また、第3回「すり身づくり体験教室」の口コミ・紹介につもながったそうです。

ここで重要なのは、参加者の声を聞き逃さなかったことです。

「すり身のつくり方がわかれば、おうちでもできるのになぁ～」

こういう参加者の声を聞き逃さず、参加者の声に応えるべく、かまぼこ屋さんに「すり身づくりレシピ」をつくってもらったこと。それを「ちくわづくり体験教室のお礼&残暑お見舞い」として参加者に送付したことです。

POINT
参加者ひとりひとりの心を動かす工夫が大切！

4 お客様の本音を反映させる
本業の仕事につなげるしくみをつくろう！

仕事でできることを細分化しよう！

あたり前のことですが自分でできることでも、業者にしてもらうとお金がかかります。横浜市で床屋を営んでいる鈴木誠一さんは、お店を利用するお客様からの「いつも自分でしていることなので、『できる部分はしてもらわない』というサービスの選び方ができたらいいのに」という声を訊いて、サービスの提供方式を変えたといいます。

一般的な成人男性はあごの周りにヒゲが生えます。通称『あごひげ』といわれている下あごに生えるひげです。この『あごひげ』は、中学生くらいに濃くなってきます。で、だれに教わるというわけでもなく、いつの間にか自分で剃っていますよね？

そこで、顔そりの作業を細分化。自分で『できる部分はしてもらわない』選択ができるサービスをつくったそうです。

1. 顔そり料金
2. あごひげを剃らない顔そり料金
3. まゆ毛そりだけの料金

同じくお店を利用するお客様からの「耳の上だけカットしてもらえるサービスができたらいいのに」という声を訊いて、新たなサービスを考えました。

そのために、次のようなことをしたといいます。

1. 1ヶ月に1度の周期でカットに来るお客様5人に無料モニターになってもらった。
2. カットしてから2週間くらいで耳の上だけカットしにきてもらった。
3. 3ヶ月間試してみた。

3ヶ月後、モニターになってもらった5人のお客様に感想を訊くと、全員がこのまま続けてほしいといったそうです。

そこで気になるサービス料金ですが、これもモニターになってもらった5人のお客様に訊くと、全員が1000円と答えたそうです。

こうして『メンテナンスカットサービス』がメニューに加わりました。

POINT
お客様の声を訊いて新サービスをつくることが大事！

細分化した仕事へつなげる集まっちゃうしくみをつくろう！

仕事を素人でもできるレベルまで細分化しても、料金を設定していなければお金をもらうことができません。

お金は価値を交換するときの対価です。なので、**細分化された仕事の価値に応じた『値段』の設定**が必要なのです。

ちょっとした作業（労働）を、お客様のために良かれと思って無料でしている人がいますが、

お金をもらわずに作業（労働）しても、なんの価値も伝わりません。価値が伝わらないだけではなく、

1．根拠もなく値引きを強要してきたり、

2．自分の基準でクレームをつけてきたり、

3．自分の思いどおりに振る舞い、

4．客づらする。

こういうお客様をつくり出すことになります。

細分化した仕事へつなげるためにも、鈴木誠一さんが『顔そり料金』をつくったように、まずは細分化された仕事の価値に応じた『値段』の設定が必要なのです。

細分化された仕事の価値に応じた『値段』の設定ができたら、細分化した仕事へつなげる集まっちゃうしくみをつくります。

勘のいい方はすでにお気づきと思います。そうです。細分化した仕事という『新サービス』

をつくることが、細分化した仕事へつなげる『集まっちゃうしくみ』なのです。

鈴木誠一さんが利用客から訊いてつくった『顔そりサービス』や『メンテナンスカットサービス』という細分化した仕事は、鈴木誠一さんがなにもしなくてもお客様がお客様を呼ぶ状態になっているのです。

つまり、あらためて細分化した仕事へつなげる『集まっちゃうしくみ』をつくることもなく『集まっちゃうしくみ』ができてしまうのです。

POINT

「それが欲しい！」をお客様に訊きながらつくれば集まっちゃうしくみ

5

楽しいことはみんなでやろう！
応援してもらえるしくみをつくろう！

体験教室の運営に協力的な人を育てよう！

体験教室を主催するお店（会社）側から参加を促す告知は、言葉は悪いですが『お店（会社）が儲けるため』ととられがちです。

「お友だちもお誘い合わせの上ご参加ください」という案内も、「わたしが儲けるためのお客様を拉致してきて」ととられそうです。何度も書いたように、『集まっちゃうしくみ』では集客はしませんし、営業もしません。お客様に『お店（会社）が儲けるため』ととられては元も子もありません。そうではなく、お店（会社）に共感し、率先して友だちを紹介してもらうことが大切です。

『集まっちゃうしくみ』で大切なのは、お客様が自分の意志で集まってくることです。

ただ、体験教室を利用する人はさまざまです。

1．自分だけ満足すればいい人

2．その場の雰囲気を盛り上げてくれる人

3．人の世話が好きな人

お客様が自分の意志で集まってくる『集まっちゃうしくみ』にするためには、『その場の雰囲気を盛り上げてくれる人』や『人の世話が好きな人』を、『体験教室の運営に協力的な人』に育てる必要があります。

そうすることで、いわゆる集客といわれる部分をしなくても参加者が集まる、応援してもらえるしくみができます。

『体験教室の運営に協力的な人』に応援してもらうためにも、多くの人が「それ、やりたい！」

という楽しい体験を企画することが大切です。ですが、それ以前に重要なことは、『体験教室の運営に協力的な人』とのコミュニケーションを図ることです。

『体験教室の運営に協力的な人』と連絡を密にとることはもちろん、3～5人くらいのメンバーで話し合う場を設けるといいです。

また、参加してもらうメンバーには、公的機関に勤める人や人望のある人たちに集まってもらうといいでしょう。

POINT
イベントや体験教室の人集めを主催者は行わない

楽しいことを企画すると応援する人も集まってきちゃう

鈴木誠一さんはこういいます。

「娘が、これ、やってみたい！　ということではじまった体験教室で、娘つながりで体験教室を応援してくれる人と出会うことになりました」

集まっちゃうしくみは、まずは自分たち家族が楽しくできることが重要です。楽しいことは友だちや知り合いに教えたくなります。なので、あたり前ですが楽しいことを企画することが大事です。楽しい企画を考え実行するためには、ときにはだれかと連携することが必要です。

地区センターにさつまあげ体験募集の張り紙をすることで、娘さんの友だちとそのお父さん（地区センター職員のご主人）が、1回目のさつまあげ体験に参加してくれたそうです。

2回目のちくわ体験には、娘さんの友だちのお母さん（地区センター職員）が参加してくれたそうです。

ちくわ体験に参加してくれた地区センター職員さんつながりで、地区センターのほかの職員全員と知り合いになれ、地区センターで開催する「地域（合同）祭」への参加要請ももらえたということです。

「地区センターを利用できることで、どうして床屋さんが食べもの体験教室するの？　という人の違和感も軽減できて、信用や信頼性が高くなりました」と鈴木誠一さんはいいます。

体験教室はどこでもできますが、公共の施設を利用することをおススメします。

それは、自宅やお店の一部を利用した開催だと、準備や後片付けを主催者側がやって当然な雰囲気があるからです。また、わたしたち商人の自宅やお店で開催すると、のちにお客様になるであろう参加者に「ここの商品やサービスを購入しないと悪いかしら?」という無言のプレッシャーをかけることにもなりかねないからです。すると途端にお金の匂いがしてしまいます。そうなってしまうと参加者は心から楽しめず、本音を訊くこともできません。

しかし、公共施設を利用することで、主催者とか参加者という立場がなくなります。また、準備から後片付けまでみんなですることが体験教室という位置づけになります。

楽しいことは、はじめから終わりまでみんなでするから楽しいんですよね。

POINT

ひとりではできないことも連携すると楽しみたい人が集まっちゃう!

第5章

集まっちゃうしくみを継続させる5つのコツ！

1

商売も人間関係！

「だれ」を対象客にするか考えよう！

「価値」を共有できる人とつながろう！

価値観というのは人それぞれです。生きること、健康のこと、働くこと。食べ物のこと、楽しむこと、欲求などなど。

価値を計る（測る・量る）ものさしも人それぞれです。

同じ商品やサービスに対しても、価値観は人によって違ってきます。

諸外国との外交も、男女間も、お店（会社）とお客様の関係も同じです。

商品やサービスが持つ交換価値の本質が異なるわけです。商品をつくるためにかけている一定の労働や、時間とお金と労力を投資してつくり上げたサービスに対する評価が異なるのです。

この**価値観がズレている人をお客様にすると悲惨**です。説得すると、値引きやクレームなどに波及して徒労に終わります。

なので、同じ価値観の人を探すことをおススメします。

同じ価値観の人と出会うためにも、『集まっちゃしくみ』のイベントや行事で行う体験は効果的です。

「商品やサービスの金額が高い」という人には、実際の体験をしてもらうのが一番です。自分で実際にやってみることでその大変さがわかるからです。

こだわりを求める人は価値のわかる人

いろいろな業種業態を支えている人の中に『こだわりを持っている人』が必ずいます。言葉は悪いですが『オタク』と呼ばれている人たちです。

『こだわりを持っている人』の特徴は、お金や時間や労力をかけることをいとわず、自分の価値観を貫き通すことです。車が好きな人たちの中にも、一種独特のこだわりを持っている人たちがいます。

1日かけてエンジンルームの内部まで丁寧にワックスをかける人がいます。車を自分で洗ったことのない人がこの光景を見たら、「気が変になっているの?」というかもしれません。

1年という年月をかけてオールペイント(全塗装)した人もいます。外せる部品はすべて外します。もちろんエンジンも下ろし、車を製造する工場のラインを流れている状態です。つまり、ボルトオンパーツ(ボルトで取り付けてあるパーツ)をすべて外したボディだけにした状態です。

なかには、「この車の整備は、経験の浅い修理屋さんには任せておけない」といって、プジョーという外車の整備を自分でする女性もいました。

こういう人たちは、究極の『オタク』です。経験の浅い修理屋さんを痛烈に批判します。ですが、わたしたち本物の職人の頼もしい味方です。自分ができない作業に関してはお金に糸目をつけません。必要なところには惜しげもなくいくらでもお金を使います。

また、究極の『オタク』でもある車好きは、おおむね『自己欲求解消タイプ』と『欲求解消共有タイプ』に分かれます。

『自己欲求解消タイプ』は、自分さえ満足できればいい人です。

このタイプは、知り合いを紹介してくることはまずありません。自分の欲求を満たすことに集中して作業にのめり込むタイプです。なので、難易度の高い作業も自分でやる人です。

一方、『欲求解消共有タイプ』は、仲間（お客様）をたくさん紹介してくれます。

作業に使用する道具や仕上がりにもこだわりがあるのですが、どちらかというと、作業を仲間と楽しく進めていくことにこだわりがあるタイプです。なので、難易度の高い作業には取り組みません。

どちらのタイプが体験教室に必要かといえば、もちろん新規客を増やしてくれる『欲求解消共有タイプ』の参加者です。が、『自己欲求解消タイプ』の人がいてくれることで、テレビや新聞の取材が受けやすくなることは確かです。

いま目の前にいるお客様がどんなタイプか見分け、相手がどんな対応を求めているのかを見極めることが大切です。

POINT

こだわりのある人はお店（会社）の応援団になる！

2 お金の匂いはさせるな！

「なに」を提供するか考えよう！

価値を伝えやすい活動はなにか？

商品の販売、技術や技能のサービス提供など、あなたが仕事でしていることはなんでしょう？

また、なにを、どれくらい販売・提供すると、どれくらいお金がいただけますか？

「家に関することはなんでもご相談ください！」

「車に関することはなんでもできます！」

生活者である消費者は、あなたの業種業態を知りたいわけではありません。あなたの提供する商品やサービスが、生活上のどんな悩みを解消できるのかが知りたいのです。ここがはっきりしていないと『集まっちゃうしくみ』で人を集めても売れません。ですから、あなたが仕事でできることを、地域にいる生活者へ具体的に分かりやすく伝える必要があります。

仕事でできることはもちろんなのですが、『仕事以外でできること』や『だれかと連携してできること』のほうが、『集まっちゃうしくみ』はうまくいきます。

なぜかというと、仕事に関係することだと〝お金の匂い〟がするからです。

たとえば、大工や工務店が主催する木工体験教室は、「新築やリフォームを受注したい！」という業者の助平根性が丸見えです。

一方、大工や工務店が、商工会や商工会議所の異業種の会員と一緒に『親子でつくるそば打ち体験教室』や『秋刀魚がもらえる大根すりおろし競争』をしていたら、消費者は疑いもなく体験に参加してきます。なぜなら、〝お金の匂い〟がしないからです。純粋に体験教室を楽しみたい人同士として出会えるからです。

そういう『仕事以外でできること』や『だれかと連携してできること』のほうが、消費者が疑いもなく集まっちゃうしくみとなるのです。

POINT

策略が見えない楽しいことに人は集まってくる！

仕事以外のことでつながるしくみ

技術系なら、商品やサービスとして提供している作業を、お客様に自分でやってもらう体験をしてもらうといいです。それは体験してみれば大変さがわかるからです。

技能系の専門家ならこういうやり方もできます。

「地元の異業種交流会を通じてお仕事がいただけるなんて思ってもみませんでした」

埼玉県の異業種交流会（女性起業家ネットワークC・C・S）の会長を務めている、写真家でグラフィックデザイナーの加藤雅子さん（http://ameblo.jp/photodecard/）は、こういいます。

「写真には興味がありました。ですが、カメラマンになるために講座を受講したのではなく、グラフィックデザイナーの仕事に幅を持たせるためでした。だから、知り合いからプロフィールのお写真を撮ってくださいっておいされたときは不思議な感じでした」とのこと。

多くのカメラマンは男性で、女性起業家の方は「緊張するからこわばった顔のプロフィール写真になって困っている」とのことで、写真撮影を依頼されたということです。

こういう場合、一般的には、「カメラ撮影は仕事じゃない」といってお断りするところですが、加藤さんから学べることは、「必要としてくれるのなら人の悩みに応えたい」という柔軟な姿勢で対応されているところです。結果、いまでは女性起業家だけではなく、お店の店長さんや会社の経営者である男性からも、プロフィール写真のご依頼があるということです。

また、「異業種交流会で知り合いつながった人たちから、商品や小さい部品、ホームページ作成や名刺、チラシのデザイン作成などのお仕事も依頼されています」といいます。

元々は、お金にはならない『**仕事以外でできること**』だった写真撮影ですが、いまではお仕事になっているわけですね。

さらに、「せっかくプロフィール写真を撮るのなら、その方の一番キレイな状態を残してあげたいと考え、異業種交流会で知り合ったメイクアップアーティストの星 泰衣さん（一般社団法人　日本セルフプロデュースメイク協会の代表http://hoshiyasue.com/）と連携して、『人生を変えるメイク&プロフィール写真撮影会』という、新たな活動もしています」というように、『**だれかと連携してできること**』で、女性起業家の人たちのお役に立っているのが素晴らしいですね。

3 お客様の印象を決める！
「どのように」提供するかを決めよう！

提供方式を考える

「だれ」に「なに」を提供するのかを決めたら、「どのように」提供するかを考えます。

①商品・サービスから得られる価値はなにか？
②商品・サービスの位置づけは？
③競合する商品・サービスとの関係は？
④商品・サービスをどれくらいの価格で提供するのか？
⑤商品・サービスはどこで買うことができるのか？
⑥商品・サービスをどのようにして伝えるのか？

①商品・サービスから得られる価値はなにか？

「うまいカレーライス」でも説明しましたが、商品・サービスそのものに価値がなくてははじまりません。サービスや雰囲気、店員の態度を抜きにした「カレーライス」そのものの価値は、すべてを含めた価値に対してどれくらいの割合を占めるのか把握しましょう。また、材料や技術、加工方法や提供方式の違い。また、その商品・サービスは、どうしてつくられたのか？　つくるきっかけや過程。だれが提供するのか？　提供する側の「経験」や「性格」も考慮します。

価値のある商品・サービスも、価値のない人が提供すると売れません。経験豊かで性格のいい人になりましょう！

②商品・サービスの位置づけは？

その商品・サービスは、「収益商品・サービス」か「集客商品・サービス」なのか？　それによって、販売戦略が変わります。また、お客様目線で考えるとどうなのかということも重要です。生活に「どうしても必要な商品・サービス」か「あれば欲しい商品・サービス」なのか見きわめます。

商品・サービスは、ポジショニング（位置づけ）によって売れ行きが変わります。どのようなスタンスで商品・サービスを提供するのかを考えましょう！

③競合する商品・サービスとの関係は？

同じような商品・サービスがある中で、競合との差別化はあるか？「新規性」や「革新性」、「優位性」や「独自性」、「ブランド力」を分析します。

商品・サービスの差別化は、競合に真似されても動じない創造的なものをつくりましょう！

④商品・サービスをどれくらいの価格で提供するのか？

商品・サービスの価格はどれくらいが適当なのか？「コスト基準」か「競合基準」か「戦略基準」なのか基準を決めます。

商品・サービスの価格設定は、それを開発している段階で対象客の声を集めながら決めましょう！

⑤商品・サービスはどこで買うことができるのか？

その商品・サービスは、どこで提供することが望ましいのか地域調査の際のデータをもとに決めましょう。「実店舗」か「ネット」か、「都会」か「田舎」か、「自社サイト」か「通販サイト」なのか。どこで提供すれば、その商品・サービスを必要とする生活者に役立ててもらえるかを考えて吟味します。

商品・サービスを提供する場所は、対象客が見つけやすいところを優先して決めましょう！

⑥商品・サービスをどのようにして伝えるのか？

商品・サービスの存在を、どのような方法や手段でそれを必要とするお客様に知らせるのか？「文字」か「言葉」か、「音声」か「映像」か、「人」か「ツール」なのか。

商品・サービスの「価値」や「位置づけ」、「競合との関係」や「価格」、「どこで提供」するのか？ 伝える方法や手段を考えましょう！

POINT

提供方式を決めることでブランド化しやすくなる！

4 ブレない軸を定めて コンセプトを決めよう！

コンセプトの定義

わたしが定義するコンセプトとは、『集まっちゃうしくみ』のイベントや行事で行う体験教室におけるすべての活動に共通する指針です。商品やサービスを提供する側が物事を進める基本的な方針でもあります。

またコンセプトは、売りたい商品やサービスを売れる商品やサービスに変えるためのツールともいえます。

さらに、コンセプトはしくみをつくり、実行する中で、ブレやズレを引き起こさない『軸』となり、『ブランド化』することができます。

わたしが定義するコンセプトは、次の3つの要素から成り立っています。

1.「だれ」
2.「効果」
3.「理由」

1.「だれ」

『集まっちゃうしくみ』のイベントや行事で行う体験教室に参加してほしい人は『どんな属性の人』なのか？　どういう人の琴線に触れることをしたいのか？　それをはっきりさせることです。つまり、『ターゲットを絞る』ということです。

2.「効果」

『集まっちゃうしくみ』のイベントや行事で行う体験教室に参加すると、どんな『発見』や『気づき』があるのか？　いままでにない、これまでとは違う『感動』や『喜び』が得られるのか？どういうメリットがあるのかを、参加する人に示すことです。

3.「理由」

理由は、『集まっちゃうしくみ』のイベントや行事で行う体験教室で得られる効果に対するあなたから参加者への約束です。どうしてこの効果を参加者に与えるのか。どうしてこの技術を体験させるのか。その理由をきちんと明確に持つことです。

明確なコンセプトを掲げよう！

『集まっちゃうしくみ』のイベントや行事で行う体験教室のコンセプトは明確です。同業者に真似されても動じない『本物のサービス』です。

もし、あなたが提供する体験教室にコンセプトが設定していなかったり、現在、設定しているコンセプトが明確でないとしたら、それは『本物のサービス』とはいえません。

コンセプトが明確に設定されていない体験教室を提供していると『軸』が『ブレ』たり『ズレ』たりします。『ブランド化』されていないため同業者に簡単に真似されてしまいます。これではもったいないです。

同業者に真似されても動じない体験教室を確立するためには、明確なコンセプトをつくり、ターゲットである体験教室を利用する人に示すことです。

わたしが定義するコンセプトの3つの要素である**「だれ」**に、どんな**「効果」**があって、それを約束する**「理由」**をきちんと決めてください。

そして、そのコンセプトを参加者、お客様にきちんと示し、共有します。その中で、そのコンセプトに共感する人が、あなたの応援団になってくれるからです。

5 最後に人の心を動かすものは「覚悟」を決めよう！

相手に対する本気を見せる！

わたしは現在、煙草を吸うのを休んでいます。おかしな表現かもしれませんが、でも「やめました」といえないのです。それにはこんな事情があります。

フランチャイズの本部を主宰し加盟店を募集すると、沖縄・東京・群馬から3名の応募がありました。あるとき3人から同時にこういわれました。

「健康のために煙草をやめてください！」

理由を訊くと納得です。

「大金を出して加盟店になり、これから指導してもらおうと思っている人に死なれては困る」というのです。

それまで何度も禁煙に失敗したわたしですが、フランチャイズ本部主宰者としての責務から、煙草を吸うのを休むことにしたのです。

わたしは自分の意志で煙草を吸わないのではなく、わたしを必要とする人たちが「健康のために煙草を吸わないでほしい」といっているから吸わないのです。理由が明確です。

つまり、大好きな煙草を吸うことを休むことが、**わたしの相手に対する覚悟**です。

だれもわたしを必要としなくなったとき、わたしは大好きな煙草をまた吸うでしょう。

レンタルガレージを利用するお客様の中に、医師を目指す若者がいました。

「どうして医師になりたいの?」と訊くと、

「ぼくは、10万人に1人の病気にかかっています。治療方法も薬もないんです。ぼくは、自分の病気を自分で直すために医師になるんです！　そうして、ぼくと同じ病気で苦しんでいる人を救いたいんです！」

これが究極の覚悟です。

POINT
相手に、「必要な人」といわれる本気を見せよう！

やめちゃいけない理由を決めよう！

この本の編集もしていただいている山田稔さん（ケイズプロダクション社長）は、業務の一環として、多くの**「自分の名前で本を出版したい」**という人たちのために出版をプロデュースする仕事もしています。

けれども以前は、編集プロダクションとして会社を設立して10年、年間50冊くらいの出版を手がけていながら、「仕事がつまらない」と感じていたというのです。

それは、「学生時代からの夢であった編集者になることが実現したにもかかわらず、心の中では仕事にやりがいを見出せなくなっていた」からだということです。

そんなある日、「出版したい！」という知人の夢を実現させてあげる機会があり、そのとき本人はもちろん、親御さんが喜ぶ姿を見てこう思ったそうです。

「自分の仕事がこんなに喜んでもらえるんだ、よし、もっと多くの人の出版を実現させたい」

しかし一方では、素人の無知に付け込んで、業界経験のない詐欺的出版プロデューサーが暗躍して法外な料金を巻き上げている現実もあるようです。

ですから、「出版したいなら相談にのりますよ」という言葉には、注意が必要だといいます。

残念なことに、世の中の暗闇に光を当てるという使命があるはずの出版業界自体に、このような問題に取り組む動きはまったくといっていいほどなく、それを目のあたりにした山田稔さんはこのような決意をしたそうです。

「業界は業界の人間が正しい道を示すべきだし、だれもそれをやらないならオレがやってやろうじゃないか」

こういう気持ちで、本気で出版を目指す人のお手伝いをはじめたそうです。

山田稔さんの決意は、これから出版する人への『覚悟』です。

出版業界に正しい道を示すべき人がいないのですから、これから出版する人を守り、世の中の暗闇に光を当てるのが、山田稔さんにとっての『やめちゃいけない理由』＝『覚悟』です。

あなたも、ご自分の仕事の『やめちゃいけない理由』＝『覚悟』を決めて、地域にいる生活者の楽しい生活を支援してあげてください。

その覚悟こそが人の心を動かします。

POINT

「わたしのためにそこまで本気なんですね」といわれる覚悟を持とう！

第6章

集まっちゃうしくみでビジネスを加速させる！

1

自己満足で終わらないための
集まっちゃうしくみで注意すべきこと

常にお客様目線を忘れない！

お客様は神様ではない

お客様は神様ではありません。お店（会社）に来たときだけ『お客様をしている人』です。わたしたち商人も商人ではありません。『お客様をしている人』が、お店（会社）に来たときに『お店（会社）の人』をやっているのです。

つまり、どちらも『人』なのです。

ところが、『お客様をしている人』も『お店（会社）の人』も、お店（会社）で会うと元々の『人』という立場を忘れてしまうようです。

だからときどきトラブルになったりします。

つまらないことでトラブルを起こさないためにも、商品やサービスを提供する側の『お店（会社）の人』が、元々の『人』という立場で「自分がお客様だったら」と考え、**お客様目線を忘れない**ことが大切なのだと考えます。

自分を変えることはできませんが、『やり方や考え方を変えること』ならいますぐできます。その変えるやり方、考え方も、あくまでお客様の役に立つもの、お客様目線で価値のあるものに変えなければいけません。そのためには、まず次の4つのことを実践してみましょう。

1. 道路の反対側からお店（会社）を見てみる。
2. 商品を買うつもりでお店（会社）に入る。
3. 買いたい商品（サービス）の説明を聞いてみる。
4. 商品（サービス）を欲しくならないのはなぜか考える。

このように、自分の商品（サービス）や店内を客観視することも大事です。

POINT

お客様目線は、お客様をやってみないとわからない

八方美人にならない!

どんなお客様からも好かれようとすることが、そもそもの間違いです。お店（会社）に来るすべての人をお客様にしないことです。自分を必要とするお客様だけが来てくれるお店(会社)づくりをしましょう!

では、どうしたら八方美人にならず、自分を必要とするお客様だけが来てくれるお店（会社）にすることができるのか?

それは、お店（会社）に来て欲しくない人を決めることです。

お店（会社）に来て欲しくない人

1. 客づらする人

2. 理由もなく値引きを強要する人

3. クレームをつける人

4. 無理難題を押し付けてくる人

5. 約束を守れない人

こういう人とお付き合いするのは時間の無駄です。仕事に対するモチベーションも下がります。

本当は時間をかけて大事にしたい人に時間がとれなくなってしまいます。

お店（会社）に来てほしくない人を決める。あとは実行するだけです。

POINT

本当に大切なお客様と、来て欲しくない人を見きわめる

2 知らず知らずにやっていませんか?
お店(会社)の都合を押し付けない!

お客様の状況を把握する

お客様:「車の修理をお願いしたいのです」

お店:「あっ、いま代車が1台もないんです」

この会話をどう思いますか?

お客様は、「いますぐ直して欲しい」といっているのではありません。「修理をお願いしたい」といっているのです。

だから、お店の人は「どういう状況ですか?」と、修理を頼みたい車の状態を聞くべきなのです。

「あっ、いま代車が1台もないんです」は、お店の人がいま置かれている状況での自分の都合しか考えていない答えです。結果、お店の都合をお客様に押し付けたことになります。

作業に集中しない

お店で買い物していると、行く先をさえぎるかのように商品を台車に乗せて運ぶ店員がいます。商品の陳列に夢中になっている店員が立ちはだかり、買いたい商品を手にとって見ることができず、商品を買わずに帰ってくることもあります。

自分の作業に集中していると、お金を払ってくれるお客様に気づかないのです。

こういうお客様を無視して『作業を優先している人』も、遠からずお店の都合を押し付けています。

売り込みはしない!

「売込みされるのが大好きです!」という人がいたらお目にかかってみたいものです。集客されたい人がこの世にいないように、売り込みされたいという人もいないはずです。

ところが、大手の百貨店やデパートで、いまだに呼び込みや売り込みをしています。

そういう意味では、お客様があまりいない田舎のお店のほうが、安心して買い物ができるかもしれません。

先日も、「年末商戦がんばろう！」と気勢を上げている大手百貨店の様子をテレビが伝えていました。

これもお店の都合を丸出しにした売り込みにつながる活動です。

『集まっちゃうしくみ』で失敗しないためにも、お店（会社）の都合を押し付けるような売り込みをするのはやめましょう！

訊いてきてもらう

わたしたちも、仕事を離れればひとりの生活者であり消費者です。必要なものや欲しいものがあれば、自分の意志でお店（会社）に行きます。

商品を手にとり気に入れば買います。説明に納得すればサービスを受けます。

ところが、商品を手にとってもわからないことがあります。そういうときは店員やお店の人を探します。このときに店員やお店の人がいなかったら商品は売れません。

あたり前のことかもしれませんが、お客様がお店に入ってから商品のある場所で立ち止まる。商品を手にとり吟味する。わからないことがあって店員やお店の人を探す。このタイミングを見逃していると商品は売れません。


タイミングを見逃さないためにも、来店したお客様を観察しましょう。


ここでのコツは、お客様の行動をずっと目で追うのではなく、作業をしながら様子を伺うのです。わからないことがあって店員やお店の人を探しはじめたタイミングで「なにかお困りですか?」とひと声かけます。

こうすると、お客様は、店員やお店の人に訊いてきます。

商品を販売して売上をアップさせるためにも、お客様を観察し、お客様から訊いてくるタイミングを合わせましょう!

3 どんなことも楽しんで！ カタチにこだわらず目指す方向にこだわる！

「あそこに集まりたい！」を最優先させる！

職人気質の人や体裁にこだわる人は、場所や企画内容、材料や道具、服装や作業手順などに対して、とかくカタチにこだわる傾向にあるようです。

『集まっちゃうしくみ』では、明確な目的を決めて活動しているわけです。『集まっちゃうしくみ』で企画した活動の内容によっては、本来の仕事からすると納得できないこともあるかと思います。でもそれは、地域にいる生活者が集まりたくなる楽しいイベントや行事を優先しているからなのです。

ちくわをつくる体験教室でこんなことがありました。

ちくわづくりに参加した人から、「すり身のつくり方がわかれば自宅でもちくわがつくれるのにねぇ」という声をいただきました。

そこで、ちくわづくりを指導してくれた職人さんに「次回は、すり身のつくり方も教えあげましょう！」といったところ、「ダメダメ、素人がすり身なんかつくれないですから」とスゴい剣幕です。

おそらくこの職人さん、自分の領域が荒らされると思ったんでしょう。

しかし、職人さんは「素人にそんなことできるわけがない」といいますが、体験した人は実はそういう部分が一番やりたかったりするのです。それを職人の領域が荒らされると、体験させないというのはいかがなものでしょう。体験教室に来た素人に教えて負けるくらいの技術なら、いますぐ職人をやめたほうがいいですね。

職人として積み重ねた技術に自信がないのなら、『集まっちゃうしくみ』以前に、お客様が来たら100％受注・成約して儲かっちゃうしくみをきちんとつくってほしいものです。

なので、やり方やカタチにはこだわらない体験教室をしたほうがいいですね。

価値を教え仕事につなげる

『集まっちゃうしくみ』のイベントや行事で行う体験教室は、地域にいる生活者と商人が出会うための場です。体験を通じて、商人が商いで得る利益は正当なものとして理解してもらうためです。

体験教室を企画する際に決める**コンセプト**（目指す方向）にこだわることが大切です。**コンセプト**（目指す方向）を設定しないまま体験教室を企画し実行することは、無意味で危険です。羅針盤のない船で大海を航行するようなものです。

コンセプト（目指す方向）を設定しない体験教室に参加する人たちは、二度と参加しない人になります。それどころか、悪評を広める人と化してしまいます。そうなっては本末転倒です。

体験教室をすることでメディアに取材された美容室の事例です。

「テレビに出て新聞に掲載されたから満足です」

わたしのアドバイスで体験教室をはじめた美容室があります。ケーキづくり体験教室やマッサージ体験教室を開催していました。

参加する人から悦ばれ、テレビや新聞から取材されました。多いときは3ヶ月で6回も取材され、テレビで放映され、新聞に掲載されました。

でも、この美容室。本業の仕事にまったくつながっていなかったのです。

なぜなら、

コンセプト（目指す方向）を設定していなかったのです。

体験教室を通じて**価値を教え仕事につなげる**ためにも、ぜひ、参加する人たちが集まりたくなるような**コンセプト**（目指す方向）を設定してください。

POINT

本業の仕事と体験教室のコンセプトを合わせよう！

4 ひとつの場所にこだわらないで！
集まりたくなる場所をどんどん増やそう！

お客様目線で集まりたい場所をつくる

神奈川県秦野市にある松屋不動産の福嶋秀樹さん（http://ameblo.jp/waylonsan/）は、【学生を招いての勉強会】を開催しています。

入居者の大半を占める地元の東海大学湘南キャンパスの大学生に、新しい仲間をつくってもらうことを目的に『東海大学生のお悩みなんでも相談室』を開催しています。

勉強会は東海大学の地域交流センターを借りて、月に1回のペースで開催。

この『東海大学生のお悩みなんでも相談室』は、コミュニケーション能力の向上をテーマとした勉強会です。

「地元、東海大学駅前商店会の方をはじめ、私の考えに賛同してくださったさまざまな業界

で ご活躍されている方をお招きして4時間勉強いたします。社会でご活躍されている方から、社会に出るために大切なことやコミュニケーション上での実践的なスキルについてお話をしていただいております。さまざまな業界でご活躍されている方々と手の届く距離でお話できる機会ってなかなかないですからね。いまの厳しい就職活動の状況を見て、企業が新入社員へ求める能力第一位のコミュニケーション能力向上のためにはじめたわけです」

しかし、この勉強会に招かれる講師への謝礼はありません。

「講師でいらっしゃる方はあくまでもボランティアです。できる範囲でのおもてなしはさせていただきますが、あくまでもボランティア。特別な講師料はございません」といいます。

つまり、【学生を招いての勉強会】『東海大学生のお悩みなんでも相談室』は、講師もボランティアで集まっちゃうしくみなんですね。

「この勉強会は、昨年の4月からはじめました。第1回目から参加している女子大生は、当初、講師の方を目の前にして緊張から話すこともできませんでした。なので、自己紹介もできなかったのです。ですが、いまでは『出版業界に就職したいです！』と、自己PRもしっかりと入れた自己紹介ができるようになりました」

企業が新入社員へ求める能力第一位のコミュニケーション能力向上のためにはじめた勉強会ということですから、この女子学生の成長はうれしいでしょうね。

「勉強会に参加する学生が友だちを誘うことが多くなりました。また、ブログやフェイスブックで情報を発信しています。さらに、地域情報誌に何度も掲載されたことで評判が広がり、いろいろな分野の講師の方から『わたしも大学生に講義させてもらいたい』というお申し出もいただくようになりました」というように、神奈川県秦野市にある松屋不動産では、大学生をキーワードにした『東海大学生のお悩みなんでも相談室』という勉強会で『集まっちゃうしくみ』ができ上がっているようです。

どんどん変わるインターネットの集まる場所

わたしは数年前から、インターネットのブログを使って情報を発信してきました。しかし、実名でなくても利用できるブログで、見せかけがうまい同業者が詐欺的なやり方をしているのを見て残念な気持ちになっていました。

そんなとき、フェイスブックというSNSがスタートしたことを知り、1年前からはじめています。フェイスブックがほかのSNSと違うのは、実名制であるということです。実名なので、プロフィールに書かれている経歴や実績の信憑性が高くなります。だから安心して友だちになり交流することができます。

これまでもホームページの掲示板やブログのコメント欄などを通じて、栃木県にいるわたしが全国の人と交流しつながり、ときには実際にお会いすることもありました。でも、なかなか深いつながりを持つことが難しいと感じていました。

ところが、フェイスブックにはタイムラインというしくみがあり、友だちとして交流している人と毎日お会いしている状態を継続できるのです。

自分の発信したい情報を掲載しながら、複数の相手の情報を受け取り、同時に交友関係を築いていけるしくみがあります。実際にお会いしたときに、まったくといっていいほど違和感がありません。

これまでのインターネットでは、つながることはあっても〝集まる〟という意識がありませんでした。

でも、フェイスブックは違います。

人が人を呼ぶ〝**集まっちゃうしくみ**〟なのです。インターネット上で集まり、コミュニティが構成され、仲間意識が形成されます。ここで形成された仲間で体験教室を開いたり、交流を深めることで、広い範囲で商人としての役目『人の役に立つ』ことを果たすこともできるようになりました。

『集まっちゃうしくみ』はあなたが実際に住む地域で有効な手法です。しかし、それは実際に血の通った交流があることが条件でもあります。ですから、血の通った交流をするコミュニティが形成できるのなら、『集まっちゃうしくみ』はインターネット上でも有効な手法なのです。

5 やってみれば意外とカンタン！ もっとたくさんのメディアを活用して認知度を高めよう！

テレビや新聞取材を活用して露出度を高めよう！

現在は商品やサービスが供給過多、同業者との差別化の重要性が問われる時代です。商工会や商工会議所などで、地域経済活性化のイベントが開催されています。

そうしたイベントに参加しメディアに取り上げられ、売上につなげている事業所があります。

千葉県栄町商工会（高橋康夫会長）では、「あなたが選ぶ！栄町特産品スイーツグランプリ」というイベントを開催してます。

平成23年度は、創作日本料理店「割烹金田屋（勝田裕之さん）」（以下金田屋）http://www.facebook.com/kanetayaが、グランプリを受賞。その後は、地元千葉テレビやケーブルテレビ、

ＦＭ放送や新聞などのメディア取材を受け、売上が10％程度アップしたそうです。

また、金田屋ではインターネットで流行のフェイスブックも活用して、千葉県の小さな栄町（人口２万２０００人）に町外からお客様を集めています。

また、10月12日のフェイスブックのタイムラインと呼ばれるところに、このような投稿をしています。

「明日10月13日（土）栄町産業まつりに出店します。栄町ふれあいプラザ隣の近隣公園にて安心食材の黒豆弁当、黒豆の生カステラ、まめチョコパイの販売をします。また「第２回あなたが選ぶ！栄町特産品スイーツグランプリ」に出品いたしますのでお近くの方は是非お寄り下

「あなたが選ぶ！栄町特産品スイーツグランプリ」の様子。

さい。」

当日は、この投稿を見たという人が栄町産業まつりに来て、金田屋さんの黒豆の生カステラやまめチョコパイを購入していました。

インターネットを活用してビジネスを加速させよう！

フェイスブックの登場によって、インターネットを活用して実店舗の収益をアップさせるビジネスモデルがどんどん誕生してきています。

また、ユーチューブという動画を投稿できるサイトが、ユーストリームというＳＮＳの登場により注目を集めています。

インターネットを活用してビジネスを加速させはじめた女性起業家を紹介します。

アメーバブログのカスタマイズとブログ集客のサポートをしているウェブデザイナーの佐藤範子さん（栃木県宇都宮市http://ameblo.jp/distancess/）は、『プロフィール撮影会や写真の画像加工、編集講座』などを開いています。

それは、『女性が楽しく自分らしい生き方で仕事を選び作っていってほしい』という思いと、女性の起業や自宅サロンでの仕事を、ブログやソーシャルメディアを活かしていけるようにサポートするためだといいます。

なぜ撮影会や写真の画像加工講座などをしているかというと、「元々写真の学校を卒業し、写真好きでした」という佐藤さん。

「近頃は、写真好きの女性が増え、「カメラ女子」といわれています。写真を撮ることや見ること、表現することが好きな女性たちに仕事以外で出会い、気軽に趣味を楽しんでもらいたい」と考え、『プロフィール撮影会や写真の画像加工、編集講座』を企画しているそうです。

また、「ブログ、フェイスブック、ツイッターなどのツールで自分をアピールする際、写真を上手に利用していってほしい」と促しているそうです。

プロフィール撮影会では、普段、異分野で働く人と接する機会の少ない女性も、ほかの職種の人と出会うことでいろいろな発見もあり、視野が広がっているとのこと。

さらに、カメラマンも参加者も女性限定のため、気兼ねなく写真を撮ることができるとか。

「普段は、「ＯＬ」、「ママ」、「娘」などの立場をそれぞれ持っていますが自分が、自分の人生の主人公だという気持ちを持って撮影を楽しむことができます」

「撮影後も、ブログ、フェイスブック、ツイッターなどに写真を投稿し、参加者同士で盛り上がっています。その投稿を見ていた友人の反応も高評価で、皆でその人に対しての話題を共有でき、コミュニケーションが図れています」

と、好評です。

佐藤範子さんは、『写真』をキーワードにＷＥＢデザイナーの仕事につながる『集まっちゃうしくみ』ができているということです。

6 商人同士で助け合い！
集客で悩んでいる同業者を救って活動を広めよう！

集客の悩みを徹底解剖！

インターネットのブログやフェイスブックを見ていると、どれだけ集客のことで悩んでいるんだろう？　と思えるくらい、集客のテクニックを教える『○○集客術！』やノウハウ満載の『集客セミナー』なるものが氾濫しています。

しかし、わたしは第2章『集客は、いますぐやめましょう！』でも書きました。

集客されたい人はいないのです。

栃木県の田舎町で、毎日、つくった分の切り餅が全部売れる餅屋さんがあります。

この餅屋さんは、特別なことはなにもしていません。

1. 毎朝、起きると同時に餅米を蒸かします。
2. 餅つき機で餅をつきます。
3. のし板に餅とり粉をしいて餅を伸ばします。
4. 伸ばした餅を適当な大きさに切ります。
5. 7個入りのパックにします。
6. 農産物直売所で並べます。いや、それ以前にすでに予約で完売です。

「毎日、つくった分だけ全部売れるから仕事するのが楽しい」といいます。
この切り餅をつくっているのは、実は兼業農家の餅屋さんです。
あるとき、「どうしてつくった分が全部売れるのですか?」と訊いてみました。

「うまい切り餅をつくっているだけです」

と、あっさりと**商売の本質**を教えてくれました。

この餅屋さんのお客様は、みな餅屋さんのことを知っています。餅屋さんもお客様のニーズを把握し、お客様が求めている美味しいお餅だけをつくっているのです。過剰なサービスも不足するサービスもありません。

それこそが究極のサービスなのです。

集客の悩みを改善！

集客で悩んでいる人は、実は一度来店したお客様から100%受注・成約する『うまい切り餅（商売の本質）』がつくれていなかったのです。

つまり、まずい切り餅を販売して『来なくなる人』を増やしていたわけです。

これではいくらお金をつぎ込んで集めるしくみを学んでも、〝ざるで水をすくう〟ようなものですから、いつまでたっても〝集客という名のアリ地獄〟から抜け出せません。

だから、あなたが『うまい切り餅（商売の本質）』をつくれたら、集客で悩んでいる同業者に〝おすそ分け〟してあげましょう！

〝おすそ分け〟というのは、フランチャイズのようなものです。

フランチャイズというと大げさに聞こえるかもしれませんが、『一定の売上が見込めるやり方に対して、毎月、一定の報酬をいただく（ロイヤリティ）』と考えるといいです。

『一定の売上が見込めるやり方』のブランド名を決めて登録商標にすれば、『看板代（パテント料）』をいただくこともできます。

『一定の売上が見込めるやり方』に『必ず使う機械や機器』があれば、これを販売することもできます。

『一定の売上が見込めるやり方』、『必ず使う材料や消耗品』があれば、これも販売することもできます。

こうして『看板（パテント）』や『必ず使う機械や機器』や『必ず使う材料や消耗品』を、『初期導入セット（パッケージ化）』としてフランチャイズ展開することができます。

POINT

売れるしくみをつくってフランチャイズ展開しよう！

おわりに

「集客はやめましょう！」

これまでずっと、「集客！集客！集客！」と躍起になってきたのです。

いきなり「集客はやめましょう！」といわれて戸惑っているかもしれませんね。

無理もないです。まわりもみんな「集客！集客！集客！」と躍起なのですから。

ですが、この本を読み終えてどうでしょう？

これまで躍起になって集客していたことが、おかしな話だということがお解かりいただけたのではないでしょうか？

えっ？　まだ、「これまであたり前にしてきたチラシ広告やフリーペーパーによる集客をやめられるだろうか？」、「やっぱり無理かも」って、躊躇しているのですか？

う〜ん、決断して実行するには少し勇気がいるかもしれませんね。

もちろん不安や迷いもあるでしょう。

でもね。

いまこのタイミングがこれまでのやり方を変えるチャンスです！

あなたが、集客しないという『はじめの一歩』を踏み出し、生活者と出会いつながる『集まっちゃうしくみ』を用意するだけで、あなたの思うところに生活者が集まって来ます。最初はうまくできないかもしれません。でもそのときは、もう一度この本を読んでください。何度か繰り返し継続していくとコツがわかってきます。

この本をきっかけに、**たくさんの人があなたの思うところに集まり、あなたのお店や会社の売上がアップすること**を願います。

あなたからのうれしいご報告を楽しみにお待ちしています！

末筆になりましたが、この本を書く機会を与えてくださった有限会社ケイズプロダクションの社長であり出版実現コンサルタントの山田 稔氏に心より感謝します。また、執筆をサポートしていただいた同社の渡辺 海さんありがとうございました。

２０１２年11月

谷田貝　孝一

著者紹介

谷田貝孝一（やたがい　こういち）

有限会社ジュントオル 代表取締役
売れるしくみ実践研究家
売れるポイント探究専門家

1957年、栃木県生まれ。

7年間かけて開発したビジネスモデルでフランチャイズ本部を立ち上げ経営を革新。同時に下請け業から脱却。その活動はNHKBSの『経済最前線』で放映。日本経済新聞一面、日経MJ新聞一面で記事が掲載される。商工会の職人仲間を集めた事業でNHK教育『ビジネス未来人』に仕掛け人として出演。マスメディア取材は250回以上。

偉い先生の机上の空論や成功者の自慢話ではなく、自身が成功・失敗の経験を積み重ねながら『お客様が求めている真のサービスの提供とコストをかけない費用対効果の高い売上アップのしくみを構築』。再現性が高く即効性のある具体的でわかりやすい指導には高い評価を得ている。

近年は、本業のコンサルティングはもちろん、全国の商工会・商工会議所などから多いときで年間150回以上の講演やセミナーを依頼されている。

著書は、Amazonランキング総合1位の『儲かっちゃうしくみ』（つた書房）がある。

■連絡先：〒328-0111栃木県栃木市都賀町家中3405
■ホームページ：http://yatagaikouichi.com
■メールアドレス：e-mail:k-yatagai@juntohru.com

集客をやめればお客様がドンドンやってくる

集まっちゃうしくみ

2012年11月28日　初版第一刷発行

著　者　　谷田貝孝一
発行者　　宮下晴樹
発　行　　つた書房株式会社
〒101-0025　東京都千代田区神田佐久間町3-21-5　ヒガシカンダビル3F
TEL. 03（6868）4254
発　売　　株式会社創英社／三省堂書店
〒101-0051　東京都千代田区神田神保町1-1
TEL. 03（3291）2295
印刷／製本　シナノ印刷株式会社

ISBN978-4-905084-07-5